V&R

FRÜHE BILDUNG UND ERZIEHUNG

Jutta Hinke-Ruhnau

Fachberatung für die Kita-Praxis

Vom Bildungsplan zur Konzeption

Vandenhoeck & Ruprecht

Bibliografische Information der Deutschen Nationalbibliothek

Die Deutsche Nationalbibliothek verzeichnet diese Publikation in der
Deutschen Nationalbibliografie; detaillierte bibliografische Daten sind
im Internet über http://dnb.d-nb.de abrufbar.

ISBN 978-3-525-70153-9
ISBN 978-3-647-70153-0 (E-Book)

Umschlagabbildung: www.shutterstock.com/Cienpies Design

© 2013, Vandenhoeck & Ruprecht GmbH & Co. KG, Göttingen /
Vandenhoeck & Ruprecht LLC, Bristol, CT, U.S.A.
www.v-r.de
Alle Rechte vorbehalten. Das Werk und seine Teile sind urheberrechtlich
geschützt. Jede Verwertung in anderen als den gesetzlich zugelassenen Fällen
bedarf der vorherigen schriftlichen Einwilligung des Verlages.
Printed in Germany.

Satz: SchwabScantechnik, Göttingen
Druck und Bindung: ⊕ Hubert & Co., Göttingen

Gedruckt auf alterungsbeständigem Papier.

Inhalt

Vorwort 7

Einstimmung 9

1 Das Unterstützungssystem Fachberatung 11

2 Bildung und Bildungspläne 28

3 Fachberatung als Bildungsbegleitung 80

4 Konzeptarbeit für die Fachberatung 91

5 Die Chancen des Neuen 113

Literatur und Links 124

Für Anthea Augusto

Vorwort

Die Begriffe *Fachlichkeit, Fachfrau, Fachkompetenz, Fachtagungen, Fachberater* etc. werden in unserem Sprachgebrauch immer wieder verwendet, um mit Nachdruck deutlich zu machen, dass hier die »Spezialisten« am Werk sind.

Viel wichtiger als »Schilder« von Begrifflichkeiten ist die Definition von Fachlichkeit als Kriterium von Qualität. Fachlichkeit ist mehr als eine Praxisableitung. Fachlichkeit erfordert, den komplexen Zusammenhang zwischen den unterschiedlichen Akteuren der Politik, Trägern, Eltern, Erzieher/innen, Kindertagespflegepersonen zu verstehen. Sie erfordert außerdem die Fähigkeit, die pädagogische Umsetzung entsprechend gestalten zu können.

Auch hier unterliegt der jeweilige Wissensbestand einem rasanten Wandel durch neue Erkenntnisse (oder leider auch durch Trends). Die wechselnden Lebenssituationen und unterschiedlichen Biografien von Menschen führen dazu, dass die sozialpädagogische Arbeit einer ständigen Veränderung unterliegt. Deswegen ist es wichtig, dass Kindertagesstätten im Mittelpunkt des Sozialraumes als Ort des gemeinsamen Lebens von Eltern, Erzieher/innen und Kindern verstanden werden. Dadurch wird die Diskrepanz zwischen den Zielen, der Ist-Sitation und den Rahmenbedingungen deutlicher. Es kann eine gelebte Vernetzung zwischen den unterschiedlichen Akteuren auf Augenhöhe durch gemeinsame Fortbildungen, ergänzende Betreuungsangebote, gemeinsame Elternarbeit entstehen.

»Es bedarf eines ganzen Dorfes, ein Kind zu erziehen.«

Eine Fachberatung kennt die Landschaft der Kindertageseinrichtungen und den dazugehörigen Sozialraum. Für diese »Gatekeeper« ergeben sich damit komplexe Anforderungen innerhalb ihrer Arbeit mit Erzieherinnen und Erziehern, Leiterinnen und Leitern von Kindertageseinrichtungen, Mitarbeiterinnen und Mitarbeitern von Trägern und Verbänden zur Umsetzung, Begleitung und Unterstützung des Bildungsauftrages.

An dieser Stelle wird deutlich, welches Wissen und welche Fähigkeiten fachliche Beratung mitbringen muss. Es genügt nicht, dass Fachberatung nur die neuesten Erkenntnisse und Vorgaben aus dem bildungspolitischen Bereich weitergibt. Viel wichtiger ist es, dass sie über die nötigen Kompetenzen und Strategien verfügt, Kindertagesstättenleiter/in und Erzieher/in in ihren innovativen Arbeitsprozessen praxisnah zu berücksichtigen und mit einzuschließen.

Durch die rechtliche Gleichsetzung der Kindertagespflege mit den Kindertagesstätten wird eine Fachberatungsstelle benötigt, die beide Bereiche gleichermaßen professionell und qualitativ gut weiterentwickeln kann.

Trotz dieser rechtlichen Gleichsetzung gab es bisher zwischen den Angeboten der Kindertagespflege und denen der Kindertagesstätte große Vorbehalte untereinander, wahrnehmbar ist Abgrenzung statt Angebotsergänzung. Vor dem Hintergrund wachsender Konkurrenz ist eine fachlich übergreifende Planung und Konzeptionsentwicklung durch eine Fachberatungsstelle erforderlich. Die nachhaltige Verbesserung der Kinderbetreuung erfordert eine enge Kooperation und Abstimmung mit allen Akteuren. Nur auf diese Weise kann gewährleistet werden, dass die Betreuungsangebote unterschiedlicher Ausrichtungen keine konkurrierenden Ziele verfolgen oder sich gegenseitig behindern.

Fachberatung agiert innerhalb eines sozialen Raumes, der sich durch unterschiedliche Interessen und Ziele darstellt. Es gibt viele Sprachen, die zu einer Sprache vereint werden müssen.

Cornelia Papen, Varel
Fachberaterin Kindertagesstätte/Kindertagespflege

Einstimmung

Durch die Bildungspläne im frühkindlichen Bereich sind auf die Fachberatungsstellen der öffentlichen und freien Träger neue Aufgaben zugekommen. Der Ausbau der Krippen für die Betreuungs-, Erziehungs- und Bildungsarbeit der Kinder unter drei Jahren stellt die Kindertageseinrichtungen und Erzieher/innen vor neue Herausforderungen. Neue Aufgaben und Herausforderungen bedeuten auch neue Chancen. Die bestehenden Erziehungskonzepte müssen durch Bildungskonzepte erweitert werden und dadurch die Altersgruppe der 0–3-Jährigen erfassen. Diese neuen Konzepte werden in die Praxis transportiert und dort umgesetzt. Es ergeben sich viele Fragen für alle an diesem Bildungsprozess Beteiligten, deren Antworten in ein Bildungskonzept gehören. Durch ein solches Konzept wird die Arbeit der Fachberatung im Kontakt mit den Einrichtungen vereinfacht und erleichtert. Vom Selbstverständnis einer Fachberatung zum Thema Bildung geht ein starker multiplikativer Effekt aus, den man für die Umsetzung der Bildungspläne in die Praxis nutzen sollte. Die allgemein formulierten Bildungspläne der einzelnen Länder stellen einen Rahmen dar, der inhaltlich mit praktischen Umsetzungsbeispielen gefüllt werden muss. Um Bildung praktisch im Alltag der Einrichtungen einzubinden, bedarf es ausreichender Fort- und Weiterbildungsangebote für Fachberater/innen und einer zeitnahen Weitergabe dieses Wissens in die Praxis der Erzieher/innen.

Eine qualitativ gute frühkindliche Bildung schafft eine Grundlage für das weitere Bildungsverständnis von Kindern. Diese Erkenntnis hat sich bereits verbreitet; ihre praktische Umsetzung ist allerdings noch sehr unterschiedlich gelungen. Die pädagogischen Konzepte von Erzieher/innen müssen um die Erfordernisse des Bildungsauftrages erweitert werden. Die Erstellung eines Bildungskonzeptes für die Fachberatung macht die Aufgaben der Fachberatung zu diesem Thema bekannt und transparent und schafft Erfahrung und Vorbildfunktion mit Bildungskonzepten. So wie Erzieher/innen zu Bildungsbegleiter/innen der Kinder werden, werden Fachberater/innen Bildungsbegleiter/innen der Erzieher/innen. Das findet in einem gemeinsamen Prozess des Suchens und Entwickelns ko-konstruktiv statt und vernetzt damit auf positive Weise die am frühkindlichen Bildungsprozess Beteiligten.

Dieses Buch ist aus der praktischen Bildungsbegleitung entstanden und unterstützt Fachberater/innen der öffentlichen und freien Träger bei der Erstellung eines tragfähigen Bildungskonzeptes.

1 Das Unterstützungssystem Fachberatung

- Historie
- Organisations- und Personalentwicklung
- Aufgaben und Qualitätsentwicklung
- Qualifizierung und Weiterbildung in der pädagogischen Praxis
- Kooperation und Vernetzung
- Bearbeitung von Konflikten
- Entwicklung eines einrichtungs- und trägerspezifischen Bildungs-, Erziehungs- und Betreuungskonzepts
- Konzept Paderborn

Historie

Die ersten Fachberater/innen für Kindertageseinrichtungen gab es bereits in den 20er-Jahren des 20. Jahrhunderts – nachweislich in der Stadt Köln (Irskens 1992). Ende der 30er-Jahre des 20. Jahrhunderts waren die damaligen Jugendfürsorgerinnen mit dem Rad oder der Bahn unterwegs, um die örtlichen Kindergärten zu beraten. Eine hauptamtliche Mitarbeiterin nannte sich bereits damals »Fachberatung«. Die Mehrzahl der Fachberater/innen arbeitete für Träger, deren gute Leistung von den Kommunen mit dem Ausbau von weiteren Kindertagesstätten honoriert wurde. So kam es zu der Entwicklung, dass städtische Einrichtungen von unterschiedlichen Trägern geführt wurden (Freisinger 2008). Durch ihre regelmäßigen Treffen untereinander entstand eine Verzahnung der verschiedenen Kindergärten, welche mit den später entstandenen Erzieherinnen-Leiterinnen-Treffen zu vergleichen sind (Hebenstreit 1984).

Bereits vor dem zweiten Weltkrieg wurde erkannt, dass Erzieherinnen in der Praxis regelmäßige Begleitung brauchen. Diese wurde durch örtliche Arbeitskreise, Jahreskonferenzen und Schulungen vor Ort angeboten. Als nach dem Zweiten Weltkrieg die Tageseinrichtungen für Kinder wieder aufgebaut wurden, sah man immer mehr die Notwendigkeit, erfahrene Fachkräfte und Jugendleiterinnen, für die Unterstützung in den Kindertageseinrichtungen einzusetzen. Jugendleiterinnen sollten nun organisatorische Aufgaben und fachliche Beratung übernehmen, um eine pädagogisch sinnvolle Gestaltung der Tageseinrichtung zu gewährleisten.

Mit der pädagogischen Reformbewegung der 60er- und 70er-Jahre wurden die Kindergärten quantitativ und qualitativ ausgebaut. Dadurch wuchsen die Aufgaben der Fachberatung. Die Notwendigkeit, eine qualifizierte Kindergartenpraxis zu gewährleisten, wurde deutlich gesehen, sodass erste Personalschlüssel gefordert wurden: eine Fachberaterin sollte 50 Kindergärten betreuen.

Bei Landkreisen, kleineren Kommunen, aber auch bei den großen Städten ist ein Ausbau der Fachberatung eigentlich erst in den 90er-Jahren zu verzeichnen; hier aber zum Teil massiv, sodass der Vorsprung der freien Trägerverbände aufgeholt wurde (Irskens 1992).

In der ehemaligen DDR wurde 1952 die deutsche demokratische Schule unter ein sozialistisches Erziehungsziel gestellt, an dem sich auch die Arbeit in allen Kindergärten orientierte. Im Frühjahr 1959 wurde vom Ministerium für Volksbildung eine zentrale Konferenz zur Vorschulerziehung nach Leipzig einberufen. Die sozialistische Ausrichtung der Erzieher/innen wurde zu einer wichtigen Aufgabe. In den 60er-Jahren entstanden Konsultationskindergärten, die andere Einrichtungen dabei unterstützten sollten, pädagogisch-methodisches Vorgehen zu entwickeln, dieses zu begründen und weitere Schlussfolgerungen für die eigene Arbeit zu ziehen. Halfen die Fachberaterinnen anfänglich noch bei der Verbreitung guter Erfahrungen, entwickelte sich ihre Aufgabe in den 80er-Jahren immer mehr von der Beratung zur Inspektion und bekam dadurch zunehmend eine Kontrollfunktion, ob die gesetzlichen Bestimmungen und Vorstellungen von Ordnung und Sicherheit auch umgesetzt wurden. Die konfessionellen Fachberatungsstellen, die für das politische System nicht existent waren, gingen von einem ganz anderen Menschenbild aus als die Fachberatungsstellen der Volksbildung. Die evangelischen Träger hatten sogar eine eigene Fachberaterausbildung für ihre Fachkräfte. Mit der Wiedervereinigung bekamen Erzieher/innen mehr Freiräume und durch Fort- und Weiterbildungsangebote neue pädagogische Sichtweisen. Die Rolle der Fachberatung wurde in diesem Rahmen anfänglich erst sehr stark in Frage gestellt, entwickelte sich dann aber doch weg von der Kontrollaufgabe hin zur Begleitung und Entwicklung. Die Fachberatung konnte so Vertrauen und Mitwirkung durch Ermutigung und Qualifizierung bei den Erzieher/innen stärken (Haucke 1997).

Wo Fachberatung immer noch als Kontrollfunktion erlebt wird, verselbstständigen sich alt hergebrachte Verhaltensmuster und Ängste, der Aufsichtspflicht nicht ausreichend nachzukommen. Leider wird dabei vergessen, dass Menschen in einem kontrollierten System dazu neigen, eher weniger als mehr einzubringen. Motivation und Transparenz sind dagegen Paten, die Engagement und Interesse bei Erzieher/innen freisetzen können (Hense 2008).

Waren die Anfänge der Fachberatung geprägt von einer intensiven Basisarbeit in den Einrichtungen und einer relativen Unklarheit über ihren eigentlichen Arbeitsauftrag, nahmen die Aufgaben in der Folge stetig zu, erforderten Konzeptentwicklung und eine an den aktuellen pädagogischen Sichtweisen orientierte Qualifikation der Fachberater/innen. Zu den klassischen Aufgaben der Beratung, pädagogischer Innovation und Klärung von Rahmenbedingungen der Arbeit, kamen zunehmend sozialpolitische und strukturelle Aspekte als neue Aufgaben hinzu, wodurch Fachberatung zu einem Dienstleistungsangebot für Einrichtungen, Träger und Kommunalpolitik wurde (Deviiere, Irskens 1996).

In den 90er-Jahren kam zu den neuen Anforderungen noch die Diskussion um die Qualität der Fachberatung hinzu. Auf Grundlage der unterschiedlichen, miteinander konkurrierenden Qualitätsfeststellungsverfahren wie beispielsweise der DIN-ISO 9000ff, dem Kronenberger Kreis und der KES- Kindergarten-Einschätzskala wurden Qualitätshandbücher entwickelt, an deren Erarbeitung die Fachberater/innen beteiligt waren.

Mit Beginn des neuen Jahrtausends wurden die Bildungspläne und das damit verbundene Thema ›Bildung und Dokumentation‹ für die Fachberatung immer wichtiger.

Die Konzeptarbeit der Fachberatung für Kindertagesstätten bekam zunehmend Bedeutung, als durch die Kindergartengesetze in den 70er-Jahren des letzten Jahrhunderts die Kindergartenarbeit eine rechtliche Fundierung bekam. Es wurden Anforderungen an die Qualifikation und das Ausbildungsniveau der pädagogischen Mitarbeiter gestellt, von denen Landeszuschüsse für die Einrichtung abhingen. Auf Fachberatungstagungen wurde die Weiterentwicklung der pädagogischen Konzepte entwickelt. Diese wurden in Modellen auf Praxistauglichkeit geprüft, um sie dann der Praxis als Arbeitsmaterialien zu Verfügung zu stellen. Der 1973 vom Deutschen Jugendinstitut entwickelte Situationsansatz setzte sich nach zahlreichen Modellversuchen als konzeptionelle Grundlage durch und stellt seitdem für die Fachberatung eine pädagogische Grundlage dar. Es wurde die wichtigste Aufgabe der Fachberatung, dieses Konzept an die Praxis zu vermitteln. Die Anforderungen an die Fachberatung für die Kinderbetreuungseinrichtungen sind im neuen Jahrtausend gestiegen. Die Chancengleichheit für alle Kinder, lebenslange Förderkonzepte und die Vereinbarkeit von Familie und Beruf sind Aufgaben, die durch eine Fachberatung für Kinderbetreuung angegangen und für die Praxis umgesetzt werden sollen, wodurch die Fachberatung zunehmend Auf- und Ausbauarbeiten übernimmt. Diese Arbeiten erfordern Konzepte und dürfen die Qualität der frühkindlichen Bildung nicht aus den Augen verlieren.

Organisations- und Personalentwicklung

Trotz dieser aufgezeigten Entwicklungsströmungen gibt es kein einheitliches Bild der Fachberatung. Sie orientiert sich an den jeweiligen Bedürfnissen in den Einrichtungen und hat ohne Arbeitsauftrag einen Weg gefunden, flexibel auf die jeweiligen Erfordernisse zu reagieren. Außer für den Freistaat Sachsen gibt es keine repräsentative Evaluation der Fachberatungsarbeit. Eine erste und bislang einzige bundesweite Erhebung zur Fachberatung wurde im Jahr 2010 im Rahmen der Weiterbildungsinitiative Frühpädagogischer Fachkräfte durchgeführt. Es fehlen Anforderungs- und Qualifikationsprofile, ein Überblick zu den Finanzierungsformen von Fachberatung und bundesweit geltende Qualitätsstandards.

Die existierenden Qualitätsstandards für die Einrichtungen sind überregional nicht verbindlich. Die Fachberatung selbst unterliegt keinem allgemein verbindlichen Qualitätsstandard. Das erschwert die Arbeit für eine gute Qualität in den Einrichtungen. Es hängt sehr von der einzelnen Kommune ab, ob Qualitätsstandards beim Auf- und

Ausbau einer Fachberatung zum Einsatz kommen. Der Deutsche Verein hat deshalb 2012 Empfehlungen zur konzeptionellen und strukturellen Ausgestaltung der Fachberatung im System der Kinderbetreuung ausgesprochen, die zur Entwicklung eines bundesweiten Grundverständnisses von Fachberatung beitragen könnten. Der Fachberatung wird in diesen Empfehlungen die Funktion eines qualitätssichernden und -entwickelnden Unterstützungssystems und Steuerungsinstruments zugesprochen.

Fachberatung für die frühkindlichen Betreuungsformen wird durch verschiedene Träger angeboten:
- die örtlichen Träger der öffentlichen Jugendhilfe,
- die Träger der freien Jugendhilfe,
- Spitzenverbände der freien Wohlfahrtspflege,
- Träger der Kindertageseinrichtungen,
- externe Anbieter.

Diese Fachberatungsangebote orientieren sich alle an den gesetzlichen Bestimmungen des SGB VIII, gestalten jedoch ihr jeweiliges Angebot sehr individuell. Bis auf die externen Anbieter beraten die Fachberatungsstellen im Sinne des Trägers, wodurch eine hohe Übereinstimmung mit dem trägerspezifischen Leitbild entsteht. Problematische Auswirkungen von Trägerentscheidungen können meist gar nicht oder nur schwer angesprochen werden. Beim externen Anbieter wird die Fachberatung auf der Grundlage eines durch den Träger oder die Einrichtung formulierten Auftrags erbracht. Das ermöglicht eine sehr kundenzentrierte Beratung, die eine Außenperspektive in den Beratungsprozess mit einbringt.

Der Deutsche Verein sieht insbesondere die Länder in der Pflicht, bei der Ausgestaltung ihrer Landesausführungsgesetze zum Arbeitsfeld Kindertagesbetreuung die Fachberatungsstellen rechtlich verbindlich zu regeln und eine angemessene Finanzierung sicherzustellen. Mit Blick auf die lückenhafte landesgesetzliche Ausgestaltung von Fachberatung empfiehlt der Deutsche Verein, dass sich insbesondere die Jugend- und Familienministerkonferenz (JFMK) als die zuständige Ministerkonferenz explizit des Themas Fachberatung annimmt und sich zur Bedeutung und Qualität verständigt und positioniert. Der Deutsche Verein fordert angesichts der gesetzlich formulierten bildungs- und sozialpolitischen Anforderungen an die Kindertageseinrichtungen eine gesetzliche Neubestimmung von Fachberatung im System der Kindertagesbetreuung im SGB VIII. Die Fachberatung stellt ein Unterstützungssystem beim Ausbau der Plätze für Kinder unter drei Jahren, bei der institutionellen Ausweitung der Einrichtungen zu Familienzentren, bei der systematischen Bildungsförderung, der Sprachförderung, der Umsetzung inklusiver Bildungskonzepte und bei qualitativen Veränderungen in der Personalstruktur dar. Die Organisations- und Personalentwicklung im System Kindertageseinrichtung muss sich an den wachsenden Aufgaben neu ausrichten und für die Fachberatung verbindliche quantitative und qualitative Standards umsetzen.

Für eine gelingende Bewältigung der Veränderungen in den Einrichtungen ist eine sorgfältige und strategische Personalentwicklung unentbehrlich. Bedingt durch den anhaltenden Fachkräftebedarf im Arbeitsfeld und den damit einhergehenden Veränderungen in den Teams zeichnet sich ein weiterer Arbeitsschwerpunkt für Fachberatung ab, der nach Auffassung des Deutschen Vereins in den kommenden Jahren noch weiter an Bedeutung gewinnen wird. Dazu zählen sowohl die gezielte Förderung von Mitarbeiter/innen in multiprofessionellen/multidisziplinären Teams, als auch die Intensivierung von Strategien, die der Personalbindung dienen, wie z. B. die Einführung eines betrieblichen Gesundheitsmanagements. Auch die Anpassung von Arbeitsbedingungen an älter werdende Belegschaften wird ein Zukunftsthema sein, mit dem sich Fachberatung in enger Zusammenarbeit mit dem Träger und der Einrichtungsleitung auseinandersetzen muss. Eine strategisch ausgerichtete Personalentwicklung sollte sich nicht ausschließlich auf die/den einzelne/n Mitarbeiter/in konzentrieren, sondern ebenso Lernprozesse von Gruppen und Organisationen initiieren und unterstützen. Neben der Professionalität und fachlichen Kompetenz der einzelnen Fachkraft muss das gesamte System des Trägers bzw. der Einrichtung darauf ausgerichtet sein, Bedingungen für professionelles pädagogisches Handeln zu schaffen, sie kontinuierlich zu bewerten und weiterzuentwickeln. Hierbei ist es die Aufgabe der Fachberatung, die verantwortlichen Führungskräfte bei der Konzeption und Implementierung entsprechender Angebote und Maßnahmen unterstützend zu begleiten. (Deutscher Verein)

Aufgaben und Qualitätsentwicklung

Die Fachberatung hilft Trägern und Einrichtungen dabei, ein fachlich und organisatorisch gutes Betreuungsangebot für Kinder und Eltern zu schaffen. Damit hat die Fachberatung den Auftrag, durch eine gezielte Beratung den Prozess der Qualitätsentwicklung und -sicherung im System der Kindertageseinrichtungen anzuregen, zu unterstützen und zu begleiten.

Es gibt keine bundesweiten und trägerübergreifende Aufgabenbereiche der Fachberatung. Die folgenden Aufgaben bieten eine Zusammenstellung vieler Selbstauskünfte von Fachberatern und Fachberaterinnen:
- Konzeptionsentwicklung, -umsetzung, -fortschreibung unter Berücksichtigung der sozialpädagogischen familienergänzenden Funktion der Kindertagesstätte,
- Beratung und Unterstützung bei der Erarbeitung von Leitzielen und Qualitätsstandards in der Kindertagesbetreuung und konkret in der Einrichtung,
- Umsetzung gesetzlicher und betriebswirtschaftlicher Rahmenbedingungen, Unterstützung und Begleitung von Qualitätsentwicklungsprozessen und Innovationen,
- Kommunikations- und Konfliktberatung des pädagogischen Personals der Einrichtung,

- Organisationsberatung zu methodischen, inhaltlichen und organisatorischen Fragestellungen,
- Planung und Durchführung von Fort- und Weiterbildung zur Qualifizierung und Professionalisierung des pädagogischen Personals,
- Informations- und Entscheidungshilfen zu pädagogischen, baulichen, rechtlichen, betriebswirtschaftlichen Fragen und fachliche Bearbeitung von Förderanträgen,
- Förderung und Unterstützung der integrativen Bildung und Erziehung,
- Beratung und Unterstützung bei der Förderung von Kindern mit Besonderheiten in der Entwicklung oder in den Entwicklungsbedingungen,
- Vermittlung weiterführender Beratungsmöglichkeiten.
- Organisations- und Personalentwicklung der Einrichtungen,
- Beratung bei örtlichen Kooperationen und Unterstützung von Projekten,
- Veröffentlichung von Fachpublikationen.

Um die Pädagogen in den Einrichtungen in ihrer Bewältigung der Praxisanforderungen qualitativ gut zu beraten, benötigen Fachberater/innen selbst qualitativ gute Fähigkeiten. Neben fachlichen Kenntnissen sind gute kommunikative Fähigkeiten und die Bereitschaft zur Selbstreflexion wichtige Voraussetzungen.

Anforderungsprofil für Fachberater/innen im Bereich der Kindertageseinrichtungen:

- sozialpädagogische oder vergleichbare Ausbildung
- mehrjährige Praxiserfahrung im sozialpädagogischen Bereich, idealerweise im Bereich der Kindertageseinrichtung
- gute Kenntnisse des Arbeitsfeldes Kindertageseinrichtungen
- am Kindeswohl orientierte Einstellung zur Betreuung, Erziehung und Bildung
- humanistisches Menschenbild und zeitgemäßes Bildungsverständnis für den frühkindlichen Bereich
- wohlwollende und wertschätzende persönliche Einstellung und Positionierung zur Arbeit im frühkindlichen Bereich
- Fähigkeit, fachrelevante Informationen zu recherchieren, aufzubereiten und klientenbezogen zu vermitteln
- Kontaktfähigkeit und Interesse mit Menschen in gleichwertig zwischenmenschlichen Beziehungen umzugehen
- Kreativität und Engagement
- Bereitschaft zur Einhaltung der Grundsätze von Transparenz und Nichtdiskriminierung
- Kompetenzen in personaler und kollegialer Kommunikation
- Sensibilität im Umgang mit unterschiedlichen Personengruppen
- Fähigkeiten und Kenntnisse in der Einzel- und Gruppenberatung
- Kooperationsbereitschaft, Teamfähigkeit und Bereitschaft, neue Lösungen zu finden
- Fähigkeit zur Selbstreflexion und Bereitschaft zur Supervision

- Bereitschaft zur fachlichen Fort- und Weiterbildung
- kontinuierliche berufsbegleitende Fortbildungen bei anerkannten Fortbildungsträgern

Fachberatung ist eine sehr komplexe Aufgabe, die je nach den kommunalen Begebenheiten unterschiedliche Schwerpunkte hat. Um die Qualität einer Fachberatung an sich verändernde Voraussetzungen anzupassen und mit zu entwickeln, müssen die Aufgaben und die Stelle der Fachberatung aktuell passend definiert werden. Bei Aufnahme der Fachberatungstätigkeit ist eine klare Stellen- und Arbeitsplatzbeschreibung seitens des Anstellungsträgers notwendig. Diese sollte die Aufgaben der Fachberater/in regeln und Klarheit über Kompetenzen und Zuständigkeiten schaffen. Da die Ausübung von Fachberatung bei einer Verknüpfung der Dienst- und Fachaufsicht in einer Person oft zu Konflikten führt, sollte die Trennung dieser Aufgabenbereiche angestrebt werden.

> Die Stellenbeschreibung ist die verbindliche, schriftliche personenunabhängige Eingliederung der Stelle in der Organisation und legt Folgendes fest:
> - Ziele
> - Aufgaben
> - hierarchische Einordnung
> - Beziehung zu anderen Stellen
> - Grundlage für ein Arbeitszeugnis
> - Grundlage für die Ermittlung der konkreten Vergütung
>
> Dies ist der entscheidende Unterschied zu einer Arbeitsplatzbeschreibung, die eine Aufzählung der Aufgaben enthält. Die Stellenbeschreibung geht über die Tätigkeiten/Aufgaben hinaus und stellt auch die Beziehungen zu anderen Stellen dar.

Damit die tägliche Arbeit der Fachberatung kein Reagieren auf Anforderungen, sondern ein Agieren und vorausschauendes Planen ist, muss der Träger eine klare Vorstellung vom Auftrag der Fachberatung haben, den Arbeitsplatz verständlich beschreiben und sich zum Aufgabenfeld der Kindertageseinrichtungen und Krippen eindeutig positionieren. Dadurch wird vermieden, dass die Fachberatung eine Allzuständigkeit bekommt. Eine fehlende Schwerpunktbildung kann leicht ein strukturiertes und nachhaltiges Arbeiten in der Fachberatung verhindern.

> Die Arbeitsplatzbeschreibung dient zur Feststellung der an einem Arbeitsplatz wahrzunehmenden Tätigkeiten und der damit in Verbindung stehenden Befugnisse, sowie zur Bewertung dieses Arbeitsplatzes. Außerdem dient sie zur Erstellung von Aufgabenkatalogen und -gliederungen innerhalb eines Betriebes und definiert die Organisation und Geschäftsverteilung.

Für eine gute Qualitätsentwicklung in der Fachberatung sind Klarheit der Aufgabenbeschreibung und eine für alle Nutzer und Beteiligten der Fachberatung herrschende

Transparenz der Zuständigkeiten wichtige Voraussetzungen. Aufgaben und Zuständigkeiten, die sich im Praxisalltag überholt haben, sollten regelmäßig überdacht, neu definiert und für alle Beteiligten transparent gemacht werden. Die Prozessverantwortung für die Qualitätsentwicklung liegt zwar bei den Trägern und den Kindertageseinrichtungen, die Fachberatung bringt jedoch die fachlich relevanten und organisatorischen Anforderungen durch Qualitätsstandards in die einrichtungsinternen Prozesse der Qualitätsentwicklung mit ein. Sie löst dadurch innovative Impulse aus und unterstützt die Einrichtungen bei der Umsetzung der aktuellen Anforderungen, die beispielsweise durch die Bildungspläne entstanden sind.

Qualifizierung und Weiterbildung in der pädagogischen Praxis

Ein/e Fachberater/in muss Fachwissen und praktische Fähigkeiten in den Bereichen ihrer Beratungstätigkeit besitzen, d. h. sie muss sich Kenntnisse im Bereich der Pädagogik, Psychologie, Jugendhilfe, Beratung und Betriebsorganisation aneignen und diese Kenntnisse auch anwenden können. Insbesondere braucht sie die Kompetenz, Sachverhalte von einer Meta-Ebene aus überblicken und mit den Betroffenen zusammen bearbeiten zu können. Deshalb sollte sie die Fähigkeit zur Selbstreflexion und die Bereitschaft zur Supervision mitbringen. Die Kombination dieser Fähigkeiten ist weder Grundlage gängiger Ausbildungen für Erzieher/innen noch bringen Studierende der Sozialpädagogik mit Hochschulabschluss diese Fähigkeiten ohne Weiteres mit. Neben dem notwendigen Wissen bedarf es der praktischen Erfahrungen bei der Betreuung von Kindern und der Befähigung zum beraterischen Handeln. Da Fachkräfte für Fachberatung mit ganz unterschiedlichen Qualifikationen in das Aufgabenfeld einsteigen, sollte Letzteres durch die Teilnahme an entsprechenden Fort- und Weiterbildungskursen unbedingt erworben werden. Dafür sind meist sehr unterschiedliche Qualifizierungsangebote erforderlich. Fachberater/innen müssen Eigeninitiative entwickeln um sich weiterzubilden, an Fachtagungen und Fortbildungen teilnehmen und sich für den eigenen Lernprozess verantwortlich fühlen. Eine abgeschlossene Ausbildung ist heute nicht mehr das Ende eines Lernprozesses, sondern der Anfang einer lebenslangen Lernentwicklung. Für alle erforderlichen Fähigkeiten muss der Wissenstand regelmäßig aktualisiert werden.

Fachberater/innen brauchen:

- sozialpädagogische Fachausbildung
- Praxiserfahrung im Bereich der Kindertageseinrichtung
- Beratungserfahrung
- Einfühlungsvermögen
- lösungsorientiertes Vorgehen
- klientenbezogene Haltung

- Psychologische Grundkenntnisse
- Konfliktfähigkeit
- Bereitschaft zur Selbstreflexion

Qualifizierungen speziell für die Gruppe der Fachberater/innen im Bereich der Kindertageseinrichtungen sind sehr schwer zu finden. Damit ein Angebot für Fachberater/innen aus vielen verschiedenen Regionen nicht zu allgemein bei den Fortbildungsthemen bleibt, sind hausinterne Fortbildungen mit einer gezielten Fragestellung aus der Praxis sehr hilfreich. Fachberater/innen einer Region, in der bereits untereinander kooperiert wird, könnten eine solche Vorgehensweise im Wechsel an den jeweiligen Standorten der Fachberatung umsetzen. Wer andere berät, sollte immer wieder selbst qualitativ beraten werden, um sein »Arbeitswerkzeug« gut zu warten und zu aktualisieren.

Nach Auffassung des Deutschen Vereins sollten praxisorientierte und anschlussfähige Modelle der berufsbegleitenden Weiterbildung für zukünftige Fachberater/innen entwickelt bzw. bereits entwickelte Module/Curricula auf ihre Anwendbarkeit hin evaluiert werden. Für die jetzt im System tätigen Fachberater/innen sollten trägerinterne, aber auch trägerübergreifende kontinuierliche Fort- und Weiterbildungsangebote entwickelt werden. Die Anstellungsträger müssen ausreichende Verfügungszeiten für die Fort- und Weiterbildung der Fachberater/innen ermöglichen und in den Stellenbemessungen berücksichtigen.

Fachberater/innen sind ebenso wie die von ihnen zu Beratenden in den Einrichtungen und bei den Trägern auf Supervision und kollegiale Beratung angewiesen. Da Fachberater/innen in der Mehrzahl ohne Einbindung in ein Fachberater/innenteam arbeiten, bieten Supervision und kollegiale Beratung den notwendigen Rahmen für Reflexionsprozesse im Hinblick auf das eigene Handeln, die eigene Person und Rolle. Damit können sich Fachberater/innen vor Überforderung und stressbedingten Abwehrreaktionen schützen, die eigene Handlungskompetenz stärken und Lösungsansätze bzw. -strategien entwickeln. Zur Sicherstellung von Supervision und kollegialer Beratung müssen die zeitlichen, strukturellen und finanziellen Rahmenbedingungen geschaffen werden. (Deutscher Verein)

Das Thema Kindeswohlgefährdung und der damit verbundene Schutzauftrag gehört in den Kindertageseinrichtungen nicht zu den täglichen Aufgaben. Damit das Kindeswohl in der Kindertageseinrichtung geschützt werden kann, sind Handlungskompetenzen erforderlich, die Erzieher/innen in ihrem Verhalten beim Verdacht der Kindeswohlgefährdung sicher machen. Die Fachberatung für Kindertageseinrichtungen kann dazu den fachlichen und unterstützenden Impuls durch entsprechende Bildungsangebote setzen.

Kooperation und Vernetzung

Fachberatung ist immer eine Leistung für Ratsuchende. Diese möchten eine Antwort auf ihre Fragen oder eine Lösung für ihre Probleme. Erklärungen, warum Sie in der Fachberatung für spezielle Fragen und Probleme nicht zuständig sind, dienen dem Verständnis, helfen dem Ratsuchenden aber nicht bei seiner Suche nach Antworten und Lösungen. Eine Fachberatung für Kindertageseinrichtungen sollte deshalb mit anderen Stellen vernetzt sein oder kooperieren, die sich mit der Kindertageseinrichtung und deren erweiterten Themen – wie Erziehungspartnerschaft, Hilfen zur Erziehung, Sonderförderprogramme, Kindeswohl oder Kooperationsprojekte – beschäftigen. Sie sollte deren Kontaktdaten nennen können oder Informationen dieser Stellen in Form von Infodateien oder Flyern zur Verfügung stellen. Eine klientenbezogene Fachberatung, bei der die Konzentration auf der Lösung des Problems oder der Beantwortung der Frage des Ratsuchenden liegt, kann zu einem positiven Image der Fachberatung beitragen und viel Redezeit für Erklärungen sparen. Förderprogramme des jeweiligen Bundeslandes oder bundesweite Projekte bieten sich dazu an, dass die Fachberatung solche in der Kommune anstößt und eine moderierende Aufgabe übernimmt. Indem eine Fachberatungsstelle kooperatives und vernetzendes Verhalten vorlebt, kann sie die Kooperation und Vernetzung von Einrichtungen aktiv unterstützen und fördern. Die Fachberatung für Kindertageseinrichtungen hat eine ideale Position, die in einer Kommune vorhandenen Möglichkeiten auszuloten und zum Nutzen aller zu aktivieren und zu moderieren. Sie wird dadurch sogar Ansprechpartner für Kooperationen im Bereich der frühkindlichen Betreuungsorte und kann qualitative Standards für den frühkindlichen Bereich zeitnah kommunizieren und multiplizieren.

Die Fachberatung für Kindertageseinrichtungen vermittelt zwischen Trägern und Einrichtungen, zwischen Einrichtungen und Kindertagespflege und übersetzt den Trägern den politischen Willen bei der Einführung von Neuerungen im Rahmen der Jugendhilfeplanung. Die Fachberatung wird dadurch zu einem starken Vernetzungsknotenpunkt, in dem sie sowohl Kooperationen als auch Projekte anstoßen, begleiten und unterstützen kann.

Um diese umfangreiche Arbeit leisten zu können, müssen Fachberater/innen selber gut vernetzt sein. Die Profilbildung und Unterstützung durch Vernetzung kann geschehen in
- regionalen Fachforen,
- Kooperationen auf Landesebene,
- gemeinsamen regionalen und überregionalen Wissenspools und
- regionalen und überregionalen Fort- und Weiterbildungsveranstaltungen.

Für diesen vernetzenden Aspekt der Tätigkeit der Fachberater/innen ist eine hohe inhaltliche und organisatorische Flexibilität und ein besonderes Reflexionsvermögen im Hinblick auf die eigene Beratungstätigkeit und Rolle nötig. Durch die heterogenen Rahmenbedingungen in den einzelnen Kommunen müssen Fachberater/innen ihren Arbeitsbereich auf diese unterschiedlichen Voraussetzungen abstimmen und dürfen dabei nicht das höhere qualitative Ziel aus den Augen verlieren. Das erfordert Toleranz und Flexibilität gekoppelt mit einer fachlichen Beharrlichkeit und organisatorischem und planerischem Können. Fachberatung dient neben der fachlichen Qualifizierung der pädagogischen Arbeit auch der Optimierung der Rahmenbedingungen in den Kindertageseinrichtungen. Durch eine überregionale Vernetzung muss das »Rad« nicht immer wieder neu erfunden werden und der Austausch bringt viele innovative Ideen.

Bearbeitung von Konflikten

Da in jeder Fachberatung auch Anfragen von Personen ankommen, die bereits einen langen Suchweg nach Lösungen für ihre Fragen hinter sich haben, kommt es immer wieder vor, dass erste Anfragen bei Ihnen in einem genervten oder aggressiven Ton vorgebracht werden. Psychologische Grundkenntnisse über das Verhalten von Menschen in Konfliktsituationen, eigene Konfliktfähigkeit und die Bereitschaft zur Selbstreflexion sind wichtige Voraussetzungen, um in einer Fachberatung zu bestehen. Unangebrachte Ansprachen sollten nie persönlich genommen werden und können ihre Schärfe verlieren, wenn die Aufmerksamkeit bei der zu beratenden Aufgabe und der Sicht auf eine Lösung des Konfliktes bleibt.

Ein für die Fachberatung charakteristisches Spannungsfeld ist die bei vielen Trägern vorhandene Kopplung der Fach- und Dienstaufsicht. Auf der einen Seite hat Fachberatung die Aufgabe, die Fachkräfte in den Einrichtungen zu beraten. Das setzt Vertrauen und Offenheit auf beiden Seiten voraus. Auf der anderen Seite ist sie gleichzeitig in Entscheidungen, z. B. über Stellenbesetzungen, Sanktionen oder gar Kündigungen, einbezogen.

Auch in der Organisation, in welche die Fachberatung eingebunden ist, kommt es zu Konflikten. Konflikte können Potenziale, Kreativität und Innovationen freisetzen, sie können Probleme, Fehler und Irrtümer an die Oberfläche bringen, diese sichtbar machen und damit zu Qualitätsverbesserungen führen. Konflikte können aber auch Lähmung, Motivationsverlust, Unproduktivität und Frustration verursachen. Damit das nicht passiert, sind Kenntnisse über Konfliktmanagement notwendig. Konflikte kann man nicht vermeiden, aber der Umgang mit Konflikten kann nutzbringend gestaltet werden, sodass eine förderliche Konfliktkultur entstehen kann.

Häufige Anlässe für Konflikte in der Fachberatung sind:
- unklare Aufgabenbeschreibung
- mangelnde Abgrenzung gegenüber anderen Stellen
- widersprüchliche Ziele
- mangelnde Transparenz
- Interessenkonflikte zwischen Fach- und Dienstaufsicht
- das Aufbürden von Aufgaben, die nicht abgesprochen sind
- mangelnde Absprachen über Rechte und Pflichten

- Absprachen, die nicht eingehalten werden
- widersprüchliche Verhaltensweisen
- unterschiedliche Vorstellungen von Planung und Organisation
- ein schlechter Personalschlüssel
- mangelnder Praxisbezug
- unklare Zuständigkeiten
- keine Vertretungsregelung
- unzureichende Ausstattung der Fachberatungsstelle
- mangelnde Entscheidungsbefugnis

Viele dieser Konfliktpunkte können durch eine gute, übersichtliche und transparente Struktur der Fachberatung entschärft werden. Unterschiedliche Ansichten darüber, was, wie, wann und in welchem Intervall man etwas ausführt oder unternimmt, bleiben dennoch nicht aus.

Was einem Gesprächspartner vielleicht sehr wichtig ist, kann Kolleginnen und Kollegen, Vorgesetzten oder Leitungen von Einrichtungen weniger wichtig erscheinen. Das birgt eine Menge Konfliktstoff, wenn die unterschiedlichen Gewichtungen in Bezug auf den Umgang mit und die Vorstellungen von Dingen, die beide Parteien betreffen, nicht immer wieder abgeglichen werden. Dafür ist Zeit, Einfühlungsvermögen und Geduld nötig; dazu der Wille, Erfahrungen des Gegenübers verstehen zu wollen und das Vertrauen und die Sicherheit, Probleme ansprechen zu können, ohne dass sich das Gegenüber zurückzieht oder die Bereitschaft zur Kooperation verliert.

Konflikte entstehen durch:
- Zeitdruck
- neue Situationen
- persönliche Verhaltensweisen, die andere stören
- unterschiedliche Einstellungen
- unausgesprochene Wünsche und Erwartungen
- unterschiedliche Zielsetzungen und Gewichtung der Ziele
- Missverständnisse
- fehlende oder mangelnde Kommunikation
- unklare Absprachen
- unterschiedliche Erfahrungen

Die Erkennung der Art eines Konfliktes ist notwendige Voraussetzung zur zielgerichteten Bearbeitung. Zielkonflikte entstehen, wenn Ziele und Wertvorstellungen von zwei Kooperationspartnern weit voneinander abweichen.

Mittel- und Wegekonflikte basieren darauf, dass es Uneinigkeit darüber gibt, welche Mittel und Wege geeignet sind, um ein gemeinsames Ziel zu erreichen. Gerade im Umgang mit den vielen unterschiedlichen Personengruppen in der Fachberatung kommt es zu vielen unterschiedlichen Vorgehensweisen und Vorstellungen, wie ein Ziel erreicht werden soll. Verteilungskonflikte treten auf, wenn Menschen unterschiedlich an erstrebenswerten Gütern teilhaben und dadurch Neid und Benachteiligungen hervorgerufen werden.

Alle Ratsuchenden sollten möglichst gleich gut beraten werden. Unterschiede, die aufgrund unterschiedlicher Bedürfnisse entstehen, sollen durchaus bestehen bleiben. Freundlichkeit, einen guten Informationsfluss und engagierte Arbeit können alle Ratsuchende gleichmäßig erhalten.

Ein Rollenkonflikt liegt vor, wenn eine Person sich nicht so verhält wie es ihrer gesellschaftlichen oder konkret definierten Rolle zukommt, weil eine andere Rolle das erforderlich macht.

Fachberater/innen, zu deren Aufgaben die Dienst- und Fachaufsicht gehören, haben eine Vorgesetztenfunktion und die damit verbundenen Aufsichtsaufgaben. Gleichzeitig kann eine qualifizierte Beratung nur gelingen, wenn der/die Ratsuchende keine negativen Konsequenzen aufgrund des Beratungsthemas fürchten muss.

Durch eine klare Abgrenzung des Arbeitsfeldes und eine jeweilige Rollenklärung können Rollenkonflikte vermieden werden. Darüber hinaus ist es wichtig, sich der Rolle, die im Gespräch eingenommen wird, bewusst zu sein und zu überlegen wem, was, wo, wie und in welcher Form gesagt werden soll. Konfliktgespräche gehören in den meisten Fällen zu den Vier-Augen-Gesprächen und sollten sorgfältig geplant werden, damit es zu einer positiven Gesprächsführung kommen kann.

Entwicklung eines einrichtungs- und trägerspezifischen Bildungs-, Erziehungs- und Betreuungskonzepts

Fachberatung kann nur dann qualitativ gut arbeiten, wenn eine systematische und zu bewältigende Kommunikation mit den Einrichtungen und Trägern möglich ist. Einrichtungs- und trägerspezifische Bildungs-, Erziehung- und Betreuungskonzepte helfen, die nötige Kommunikation zu bewältigen und zielgerichtet zu führen. Alles was zu den Grundlagen einer Fachberatungsarbeit gehört und immer wieder mitgeteilt und klargestellt werden muss, gehört in ein Konzept. Die Konzeptentwicklung stellt eine wesentliche Aufgabe der Fachberatung dar. Ein gut durchdachtes Konzept erleichtert die Arbeit der Fachberatung sehr.

In Rahmen dieses Buches werden vier beispielhafte Konzepte vorgestellt. Das folgende erste Beispielkonzept ist das des Kreises Paderborn beim öffentlichen Träger der Jugendhilfe.

Konzept Paderborn

**Fortschreibung des Konzeptes der Fachberatung
für den Bereich der kommunalen Kindertageseinrichtungen**

Inhalt
I. Einleitung
II. Definition von Fachberatung und gesetzliche Bestimmungen
III. Grundsätze und Ziele von Fachberatung für Kindertagesstätten
IV. Aufgaben der Fachberatung
   a. Beratungsangebote
   b. Fortbildungsangebote
   c. Organisation und Durchführung von Leitungskonferenzen
   d. Administrative Aufgaben
   e. Kooperationen und Vernetzung
   f. Öffentlichkeitsarbeit
V. Qualitätssicherung und Qualitätsentwicklung

I. Einleitung
Der öffentliche Träger der Jugendhilfe nimmt seine Gesamtverantwortung für die Jugendhilfe unter anderem auch dadurch wahr, dass er durch Fachberatung und Fachbegleitung seiner gesetzlichen Verpflichtung nachkommt. Fachberatung berücksichtigt gesellschaftliche Veränderungen im Hinblick auf soziale, ökonomische und demographische Entwicklungen und im Hinblick auf eine bessere Vereinbarkeit von Familie und Beruf. Einen besonderen Stellenwert nehmen Kindertageseinrichtungen bei der Verwirklichung von Bildungschancen für alle Kinder, bei der Vernetzung verschiedener Bildungseinrichtungen in den Kommunen und bei der Optimierung der Bildung -und Erziehungsarbeit wahr. Zur Qualifizierung der Bildung und Erziehungsarbeit von Kindern in den Kindertageseinrichtungen ist Fachberatung zur Unterstützung und Begleitung der Einrichtungen erforderlich und unerlässlich. Fachberatung übernimmt dabei Koordinierungs-, Mittler -und Moderationsfunktion. Darüber hinaus erfordern die derzeitigen aktuellen Entwicklungen und bevorstehende gesetzliche Veränderungen in Nordrhein-Westfalen einrichtungsübergreifende Beratungen und kontinuierliche fachliche Begleitung der Einrichtungen.

II. Definition von Fachberatung und gesetzliche Bestimmungen
Der Begriff Fachberatung wird relativ undifferenziert für eine Vielfalt von Aufgaben verwendet und erschwert eine eindeutige Begriffsbestimmung.

»Fachberatung ist eine personenbezogene, strukturentwickelte soziale Dienstleistung (bzw. Vermittlung -und Verknüpfungsdienstleistung) im Rahmen der Jugendhilfe. Sie wirkt Qualität sichernd und entwickelnd im Feld der Erziehungsarbeit und der Lebensgestaltung von Kindern. Fachberatung verbindet fachliche, Entwicklung -und organisationsbezogene

Beratung der Leitung, der Mitarbeiter/innen sowie der Träger von Kindertagesstätten zu einer aktiven und integrierenden Vernetzung von Maßnahmen.«[1]

Die Rechtsgrundlage zur Fachberatung basiert auf § 14 des Gesetzes über Tageseinrichtungen für Kinder (GTK) des Landes Nordrhein-Westfalen, in dem es heißt: »Der örtliche Träger der öffentlichen Jugendhilfe soll auch Maßnahmen für die Fortbildung einschließlich der Fachberatung der pädagogischen Kräfte im Einvernehmen mit den Trägern anbieten, sofern diese nicht durch die Träger selbst erfolgen.« (§ 14, Abs, 2 GTK NRW)

Die § 24 bis 26 SGB VIII regeln die Ausgestaltung des Förderungsangebotes und damit verbundenen Aufgaben des Trägers der öffentlichen Jugendhilfe In § 22a Abs. 5 SGB VIII heißt es: »Die Träger der öffentlichen Jugendhilfe sollen die Realisierung des Förderauftrages ... in den Einrichtungen anderer Träger durch geeignete Maßnahmen sicherstellen.«

Da die kommunalen Träger von Kindertageseinrichtungen im Kreis Paderborn keine eigene Praxisberatung und Fortbildung anbieten, verbleiben bei den Trägern Disziplinaraufsicht und Trägerverantwortung, die pädagogische Fachaufsicht und Fachberatung liegt im Einvernehmen mit den Trägern beim Jugendamt des Kreises. Auf dieser Grundlage führt das Jugendamt seit 1975 Fachberatung für die kommunalen Kindertageseinrichtungen im Kreisgebiet Paderborn durch. Die Fachberatung betreut derzeit 59 kommunale Einrichtungen.

III. Grundsätze, Ziele, Zielgruppen von Fachberatung für Kindertagesstätten

Fachberatung
- vertritt die Ziele des Kreises Paderborn im Sinne einer qualitativen Weiterentwicklung der Kindertageseinrichtungen und setzt die Beschlüsse des Jugendhilfeausschusses hierzu um.
- ist: Beratung im Auftrag und wird auf der Basis von Freiwilligkeit angeboten und angefordert.

Ziele
- Weiterentwicklung der pädagogischen Arbeit in Kindertageseinrichtungen
- Unterstützung der Gremien der Einrichtungsträger und der durch kontinuierliche Beratung, Information, Fortbildung und Interessenvertretung
- Kooperationen und Aufbau von Netzwerken

Zielgruppen
- Leitungen von Kindertageseinrichtungen
- pädagogische Mitarbeiter/innen
- Träger der Einrichtungen
- Eltern und Kinder

IV. Aufgaben der Fachberatung

Es lassen sich folgende Aufgaben zusammenfassend darstellen:

---

1 »Mit uns auf Erfolgskurs.« MSP 26 Hrsg.: Dt. Verein f. öffentliche und private Fürsorge, Frankfurt a. M. 1996, S. 136.

a. Beratungsangebote
- Pädagogische Beratung
- Konzeptionsentwicklung
- Teamentwicklung
- Begleitung in Konfliktlösungsprozessen
- Personalentwicklung
- Rechtliche Fragestellungen
- Trägerberatung
- Bauleitplanung, Einrichtungsplanung
- Weiterentwicklung der Kindertageseinrichtungen auf Grundlage der Jugendhilfeplanung und regelmäßige Fortschreibung

Fachberatung ist »Wegbegleitung«. Sie unterstützt und gestaltet Beratungsprozesse mit dem Ziel der Stärkung der Eigenverantwortlichkeit der Beteiligten und ermutigt und fördert Entwicklungsprozesse.

b. Fortbildungsangebote
Die Fachberatung im Kreis Paderborn gestaltet verantwortlich Fortbildungsangebote zu aktuellen und spezifischen pädagogischen Themen: zielgruppenorientiert für Leitungen, pädagogische Mitarbeiter/innen, Ergänzungskräfte, Träger, Eltern, politische Vertreter/innen etc. Hierzu gibt es ein separates Fortbildungskonzept.

c. Organisation und Durchführung von Leitungskonferenzen
Regelmäßige Leitungskonferenzen für die kommunalen Einrichtungen werden mit folgenden Zielen durchgeführt:
- Qualifizierung der Leiter/innen für die Leitungsaufgabe
- Auseinandersetzung mit fachlichen Themen (rechtliche Grundlagen, pädagogische Ansätze etc.)
- Informationsaustausch über aktuelle Entwicklungen
- Reflexion der Praxis

d. Administrative Aufgaben der Fachberatung:
- Pädagogische Sachbearbeitung
- Jugendhilfeplanung einschl. Fortschreibung der Kindertagesstättenbedarfsplanung
- Gremienarbeit
- Kindertagespflege
- Kooperationen und Vernetzung
  ASD
  Fachbereich Gesundheit
  Psychologische Beratungsstelle für Schule, Jugend und Familie
  Fachbereich Schulangelegenheiten
  Frühförderstelle
- Arbeitsgruppen/Arbeitskreise/Arbeitsgemeinschaften/Projektgruppen

AG Familienförderung
Evaluationskonferenz Kindertageseinrichtung und Schule
Projektgruppe Kinderschutz
Fachberatertreffen kommunaler und kirchlicher Fachberatungen im Kreis
Zusammenarbeit mit den kommunalen Fachberatungen zur Weiterentwicklung der Kindertageseinrichtungen auf der Ebene des Landesjugendamtes
Netzwerk Integration

Durch diese Kooperationen wird eine Vielfalt von Angeboten, ein ressourcenorientierter Einsatz möglich und spezifische Kompetenzen der Fachkräfte warden effektiv genutzt.

f. Öffentlichkeitsarbeit
Öffentlichkeitsarbeit beinhaltet eine umfassende Informationsweitergabe an die Öffentlichkeit mit dem Ziel, auf aktuelle gesellschaftliche und bildungspolitische Entwicklungen zur Unterstützung der gesellschaftlichen Anerkennung von Kindertageseinrichtungen als elementare Bildungsorte für die Bedeutung und Entwicklung der Kinder hinzuweisen und aufmerksam zu machen. Öffentlichkeitsarbeit basiert auf unterschiedlichen Formen:
- Interne Kommunikation
- Veranstaltungen
- Direktwerbung
- Publikationen
- Gremienarbeit
- Pressearbeit

Öffentlichkeitsarbeit erfolgt kontinuierlich, aktuell, zielgerichtet vor dem Hintergrund einer sachlichen und professionellen Informationsweitergabe.

IV. Qualitätssicherung und Qualitätsentwicklung
Fachberatung ist ein Arbeitsgebiet, welches sich kontinuierlich und flexibel gesellschaftlichen Veränderungen stellen muss. Insofern ist eine Evaluation unter den folgenden Gesichtspunkten erforderlich:
- Innovation
- Qualifizierung
- Aufklärung
- Selbstevaluation

Fachberatung erfordert
- eine regelmäßige Teilnahme der Fachberatung an ausgewählten Weiterbildungsmaßnahmen
- Teilnahme an übergeordneten Netzwerken und Arbeitskreisen

Die Qualitätssicherung wird darüber hinaus gesichert durch
- regelmäßige Berichterstattung zur Situation der Kinder im Kreis Paderborn

2 Bildung und Bildungspläne

- Bildung ist mehr als ein Bildungsplan
- Der Förderauftrag
- Die Bildungs- und Entwicklungsfelder der Bildungspläne
- Bildung und Bindung
- Gehirn und Spiegelneuronen
- Das Bild vom Kind
- Stressfrei die Lernmotivation erhalten
- Gemeinsam die Welt erforschen
- Beobachtung und Dokumentation
- Konzept Bremen

Bildung ist mehr als ein Bildungsplan

Bei der Erstellung von Bildungskonzepten für die Kindertageseinrichtungen ist die Beschäftigung mit dem landeseigenen Bildungsplan der erste Schritt, um gesetzlich Gefordertes und fachlich Notwendiges zum Wohle des Kindes und zur qualitativ guten frühkindlichen Förderung miteinander in Einklang zu bringen.

Empirische Studien zeigen, dass die Qualität des gesamten Bildungssystems entscheidend von der Qualität der frühkindlichen Entwicklung abhängt. Gleichzeitig muss festgestellt werden, dass der Anteil der Kinder mit Sprachschwierigkeiten, mit Beeinträchtigungen und schlechten Startchancen in der Schule in Deutschland erschreckend hoch ist.

Deutschland ist ein föderalistisches Staatensystem, damit fällt den einzelnen Bundesländern das Thema Bildung politisch, organisatorisch und fiskalisch zu. Es gibt für die 16 Bundesländer keine einheitlichen Regelungen für den frühkindlichen Bereich von 0 bis 3 Jahren. Deshalb gibt es 16 Bildungspläne. Die Fachberatung hat eine Schlüsselfunktion für die qualitativ gute Umsetzung des Bildungs- und Förderauftrages in den Kindertageseinrichtungen. Sie wacht über die Einhaltung qualitativer und quantitativer Standards.

Wenn es um die Bildungssteuerung in der Kindertagesbetreuung geht, haben sich in Deutschland drei Sichtweisen auf diese Thematik ausgeprägt: Konzeptualisierung, Normierung und Evaluation.

In Deutschland haben sich in den letzten Jahren drei Stränge der Fachsteuerung entwickelt, nämlich die »Konzeptualisierung«, »Normierung« und »Evaluation«, zwischen denen der systematische Bezug nach Auffassung des Autors nicht hinreichend entwickelt ist. (Detlef Diskowski)

Im Bereich der Konzeptualisierung wird darüber geforscht, wie der Bildungsprozess des Kindes stattfindet und welche Rolle der Erwachsene in diesem Prozess einnimmt. Die Normierung ist Grundlage der Bildungspläne, in denen die Grundsätze der Bildungsarbeit bestimmt und festgeschrieben werden sollen. Bei der Evaluation geht es um die Erforschung und Feststellung der Qualität von Betreuung, Erziehung und Bildung in deutschen Kindertagesstätten. Eine gezielte Abstimmung dieser Steuerungsinstrumente könnte wertvolle Entwicklungsbedingungen für die Praxis schaffen.

Da jede Kommune den Zugang zu den Bildungsplänen hat, deren Verbindlichkeit von Einrichtungen immer noch unterschiedlich verstanden wird, ist es der einfachste und zielsicherste Weg für die Praxis der Fachberatung für Kindertagesstätten, ein Konzept auf der Grundlage des landesspezifischen Bildungsplans für die Bildungsarbeit in den Kindertageseinrichtungen zu entwickeln und auszuformulieren. Einrichtungen und ihre Fachkräfte sollten in der Umsetzung eines solchen Konzeptes in praxisorientierte Konzeptionen unterstützt und geschult werden.

Der Förderauftrag

In § 22 des achten Sozialgesetzbuches werden drei Aufgaben des Förderauftrags formuliert: Betreuung, Erziehung und Bildung. Jedes Kind macht sich sein eigenes Bild von seinem Umfeld. Es erforscht aktiv seine Umgebung. Zur Bildung gehören emotionale, soziale und kognitive Fähigkeiten genauso wie Sachwissen. Durch die nachhaltig wirksamen Schulerfahrungen verbinden die meisten Erwachsenen ausschließlich Sachwissen mit Bildung. Jedoch gerade die sozialen, emotionalen und kognitiven Erfahrungen der ersten drei Jahre prägen das Bildungsverständnis von Menschen sehr nachhaltig.

> **§ 22 Grundsätze der Förderung**
> (1) Tageseinrichtungen sind Einrichtungen, in denen sich Kinder für einen Teil des Tages oder ganztägig aufhalten und in Gruppen gefördert werden. Kindertagespflege wird von einer geeigneten Tagespflegeperson in ihrem Haushalt oder im Haushalt des Personensorgeberechtigten geleistet. Das Nähere über die Abgrenzung von Tageseinrichtungen und Kindertagespflege regelt das Landesrecht. Es kann auch regeln, dass Kindertagespflege in anderen geeigneten Räumen geleistet wird.
> (2) Tageseinrichtungen für Kinder und Kindertagespflege sollen:
> – Die Entwicklung des Kindes zu einer eigenverantwortlichen und gemeinschaftsfähigen Persönlichkeit fördern,
> – die Erziehung und Bildung in der Familie unterstützen und ergänzen,

- den Eltern dabei helfen, Erwerbstätigkeit und Kindererziehung besser miteinander vereinbaren zu können.

(3) Der Förderungsauftrag umfasst Erziehung, Bildung und Betreuung des Kindes und bezieht sich auf die soziale, emotionale, körperliche und geistige Entwicklung des Kindes. Er schließt die Vermittlung orientierender Werte und Regeln ein. Die Förderung soll sich am Alter und Entwicklungsstand, den sprachlichen und sonstigen Fähigkeiten, der Lebenssituation sowie den Interessen und Bedürfnissen des einzelnen Kindes orientieren und seine ethnische Herkunft berücksichtigen.

Das, was Kinder in den ersten Jahren lernen, sind Fähigkeiten, die sie ein Leben lang begleiten. Machen sie gute Lernerfahrungen, werden sie es mit späteren Bildungsangeboten leichter haben. Bildung findet in jedem Moment statt. Selbst im Nichtstun wird die Atmosphäre des Nichtstuns erfahren. Ob Bildung die Entwicklung eines Kindes unterstützt, hängt von einer guten Mischung ab aus Selbstlernphasen, die das Kind gestaltet, und Angeboten, die zu seiner Unterstützung gemacht werden. Begleitet werden diese Bildungsprozesse durch Beobachten und Wahrnehmen. Das Kind beobachtet sein Umfeld, in dem Erwachsene eine entscheidende Vorbildfunktion einnehmen, und nimmt wahr, wie die Dinge in seinem Umfeld zu handhaben sind. Die Erzieher/innen beobachten das Kind und entdecken Bekanntes und Neues und nehmen wahr, wie sich das Kind die Welt aneignet. Aus den Beobachtungen, die das Kind anstellt, erwachsen seine Experimente im Freispiel. Die Beobachtungen der Erwachsenen sind die Grundlage für altersgerechte Angebote, die zur Unterstützung des aktuell durch das Kind erforschten Bildungsbereiches ausgewählt werden. Interessiert sich ein Kind bei seinen selbstgewählten Experimenten für unterschiedliche Materialien, unterstützen Sinnesübungen die Auseinandersetzung damit durch das Untersuchen mit Händen, Füßen und Mund.

Bildung soll Spaß machen. Die ausgewählten Angebote für Kinder sollten aber auch den Erwachsenen Spaß machen. Freude an Experimenten und an den Angeboten ist ansteckend und schafft eine positive Lernatmosphäre.

Das Kind bildet sich selbst, indem es die Welt untersucht. Kinder wollen dazugehören und sie wollen wachsen. Daraus ergibt sich, dass ihr Lernen in den ersten drei Jahren stark sozial und explorativ geprägt ist. An den sie umgebenden Erwachsenen haben sie Vorbilder für ihr eigenes soziales Verhalten. Eine gute Beziehung der Erzieher/innen zu den Eltern ist eine der besten sozialen Unterstützungen, die ein Kind bekommen kann. So wie Erwachsene sich gegenseitig behandeln, so erscheint es dem Kind normal und angemessen. Je besser die soziale Integrität der Erwachsenen untereinander ist, desto positiver kann ihr Vorbild dem Kind dazu dienen, seine eigenen sozialen Interaktionen positiv zu entwickeln. Das explorative Lernen wird hervorgerufen von der Neugier jedes Kindes. Alle Kinder durchlaufen die gleichen Entwicklungsstadien. Wann sie das tun und vor allem, wie sie das tun, ist dagegen sehr individuell. Für jeden Entwicklungsschritt gibt es einen Zeitpunkt, an dem das Kind dazu innerlich bereit ist. Wann das der Fall ist, zeigt es durch sein Verhalten. Diesen Zeitpunkt zu erkennen und durch Aufmerksamkeit zu unterstützen, hilft dem Kind, seiner Neugier und dem Aneignen neuer Fähigkeiten in Ruhe und erfolgreich nachzugehen. Je entspannter Erwachsene das Kind in seinem selbst gewählten Spiel beobachten können, desto deutlicher wird ihnen, welchen Fragen das Kind gerade nachgeht. Bei einem solchen Nachgehen eigener Fragen ist die vollständige Motivation des Kindes aktiv. Diese zu erhalten und zu fördern ist für den Bereich des explorativen Lernens außerordentlich wichtig. Aufgabe ist es, wahrzunehmen, womit sich das Kind gerade beschäftigt und welchen Fragen es nachgeht, um es in seiner Neugier und seinem Forscherdrang zu unterstützen. In diesen ersten Jahren entscheidet sich, ob Lernen Spaß macht und Freude bringt. Die Motivation und Freude am Lernen zu erhalten, ist damit ein vorrangiges Ziel der frühkindlichen Bildung. Kinder lassen Erwachsene an ihrem Selbstbildungsprozess teilhaben. Erzieher/innen werden dadurch zu einer Bildungsbegleitung. Durch den unbefangenen Blick eines Kindes auf die Welt lernen Erwachsene die Ansichten, die sie sich im Laufe ihres Lebens angeeignet haben, nochmals zu überdenken. Dadurch bilden sich Kinder und Erzieher/innen miteinander und aneinander. Je offener Ihre Haltung zu den Forschungsgegenständen der Kinder ist, desto spannender wird für Sie und das Kind die Entdeckung des Umfeldes.

Die persönlichen Erfahrungen formen das Gehirn und Erfahrungen, die ein Kind immer wieder macht, führen zu festen Verschaltungen zwischen Nervenzellen im Gehirn und dadurch zu einem individuellen Ausbau des Gehirns. Erfahrungen und Wissenseinheiten bleiben länger im Gehirn verankert, wenn sie mit allen Sinnen wahrgenommen wurden. Bewegung unterstützt die Entwicklung des Gehirns ebenfalls. Sie hat nicht nur einen kurzfristigen Einfluss auf die Konzentrationsfähigkeit, sondern kann dauerhafte Effekte auf das Gehirn haben, was sich positiv auf das Lernen auswirkt. Körperliche Aktivität führt zur Bildung neuer Nervenzellen im Gehirn und zu einer Verstärkung und Neubildung von Nervenzellverbindungen, den Synapsen, und dadurch zu einer Leistungssteigerung des Gehirns. Unterschiedliche Angebote für alle Sinne und für Bewegungserfahrungen zu machen, ist deshalb eine der wichtigsten Aufgaben im frühkindlichen Bereich.

Wie können Kinder unterstützt werden?

Eine gute Atmosphäre in den Räumen, in denen ausreichend Platz und Gelegenheit zum Erforschen und Ausruhen besteht, ist für die Unterstützung dieser frühkindlichen Entwicklungsprozesse eine fachliche Voraussetzung. So können kleine Kinder neugierig alles so lange unter die Lupe nehmen, bis sie sich davon erholen wollen und im Schlaf ihre neuen Erkenntnisse verarbeiten. Sie brauchen altersgerechte Gelegenheiten, mit allen Sinnen Gegenstände des Alltags zu erforschen: Wie sieht ein Apfel aus, wie riecht er, wie hört er sich beim Reinbeißen an, wie schmeckt er und wie fühlt sich die Schale oder das Fruchtfleisch zwischen den Fingern an?

Das Gehirn eines Kindes kann sich besonders gut entwickeln, wenn es eine gute Mischung von Herausforderung, Entspannung, Schlaf, Bewegung, gesunder Ernährung und Geborgenheit angeboten bekommt. Kinder signalisieren sehr eindeutig, was sie davon aktuell brauchen. Durch feinfühliges Beobachten kann das Forschungsthema von Kindern erkannt und können dementsprechende altersgerechte Angebote gemacht werden. Die Angebote sollten zu den aktuellen Interessen der Kinder und ihrer Entwicklungsphase passen. Dadurch werden sie gefördert und der Spaß am Erforschen bleibt erhalten. Die Aufmerksamkeitsspanne der Kinder bestimmt die Länge des Angebots. Wenn Angebote zu lange dauern, können kleine Kinder das Interesse verlieren, bevor sie mit ihren Experimenten Erfolg hatten. Wenn sie beispielsweise mit Bauklötzen bauen wollen, sollten die Bauobjekte übersichtlich und deren Fertigstellung in absehbarer Zeit erreichbar sein. Wenn Kinder zu früh die Lust an ihren Experimenten oder den Angeboten verlieren, geht damit auch oft das Interesse verloren, es noch einmal zu probieren. Angebote sollten deshalb für kleine Kinder nicht länger dauern als ihre Aufmerksamkeit aktiv ist. Die Ausgestaltung des Bildungsalltags orientiert sich an den Bedürfnissen des jeweiligen Kindes. Wie ernst es damit ist, signalisieren Erzieher/innen bereits im ersten Gespräch mit den Eltern. Was Erzieher/innen unter der persönlichen und individuellen Förderung und Bildung von 0- bis 3-Jährigen verstehen, zeigt auch den Eltern, wie sie in Zukunft mit ihrem Kind umgehen können. Ein schriftliches Konzept hilft Eltern, den Betreuung-, Erziehung- und Bildungsauftrag besser zu verstehen. Eine Bildungsvereinbarung kann die Zusammenarbeit mit den Eltern sehr bereichern. Sie macht deutlich, dass beide Seiten

- um das Wohl des Kindes besorgt sind,
- mit Respekt und Feinfühligkeit den Selbstbildungsprozess des Kindes begleiten wollen,
- die Bildungsthemen für den frühkindlichen Bereich kennen und sich damit auseinandersetzen,
- sich um eine zeitgemäße, unterstützende und professionelle Betreuung, Erziehung und Bildung bemühen,
- es schaffen, in Übereinkunft miteinander eine kindgerechte Förderung zu gewährleisten und
- diese auch für Dritte nachvollziehbar machen.

Die Eltern sind im Rahmen einer Bildungsbegleitung wichtige Kooperationspartner für die Bildungsangebote. Bildungsangebote, die den Eltern bekannt sind, können zu Hause mit den Kindern vertieft oder durch das Wissen von Eltern ausgebaut werden.

Die Bildungs- und Entwicklungsfelder der Bildungspläne

Was wird ausgebildet?	Wodurch bildet es sich aus?
Körper	Bewegung, Rhythmik, Tanz, Sport, Ernährung, Gesundheit
Sinne	Wahrnehmung: sehen, riechen, schmecken, hören, spüren
Sprache	zeigen und benennen, abwarten und hören, Gebärdensprache, Interaktion, artikulieren, wiederholen
Zahlen und Formen	zählen, nachbilden, einpassen
Denken	Gedanken laut aussprechen, Denkprozesse laut wiedergeben
Gefühle	wahrnehmen, benennen, zulassen, akzeptieren
Werte	leben, pflegen, vergleichen, benennen, wiederholen, einordnen

Die Begriffe der Bildungsthemen in den Bildungsplänen der einzelnen Bundesländer sind unterschiedlich. Die obige Auswahl der Themen findet sich aber in den Überlegungen aller Bundesländer wieder. Der Schwerpunkt wird jeweils anders gesetzt. Gemeinsam ist jedoch allen Bundesländer die Intention, die Basiskompetenzen des Kindes zu stärken.

Damit die Kinder sich diese Kompetenzen aneignen können, ist es wichtig, dass die medizinischen Vorsorge-Untersuchungen einen versteckten Gehörschaden oder eine Einschränkung der Sehfähigkeit ausschließen. Solche unentdeckten Schwächen können die Entwicklung eines Kindes verhindern oder verzögern, aber auch sein Selbstvertrauen in seine Fähigkeiten empfindlich beeinträchtigen. Eltern, die nicht ausreichend auf die Einhaltung der Vorsorgeuntersuchungen achten, brauchen dabei Unterstützung, die Wichtigkeit der frühzeitigen Entdeckung gesundheitlicher Auffälligkeiten zu verstehen.

Jedes Kind sollte von Anfang an von guten Entwicklungs- und Lernchancen profitieren können. Die Persönlichkeit der Kinder soll gestärkt und die Entwicklung ihrer geistigen Fähigkeiten, ihre Eigenständigkeit und Kompetenz, ihre Kreativität und Entdeckerlust sollen gefördert und aktiv unterstützt werden.

Die Bildungsbegleitung muss das Wohl und damit verbunden die Selbstständigkeit des Kindes im Auge behalten. In einem geschützten Raum kann Kindern bereits sehr früh zur Selbstständigkeit verholfen werden. Es macht Kinder zum einen stark und selbstbewusst, wenn sie merken, was sie bereits allein können, und es schützt sie vor allem vor Missbrauch. Der Körper eines Kleinkindes gehört ihm selbst und je respektvoller und feinfühliger Erwachsene dies bereits beim Wickeln und Baden berücksichtigen, desto leichter kann das Kind mit der Zeit seinen eigenen Körper bewusst wahrnehmen.

Sieben Bildungs- und Entwicklungsbereiche für die frühkindliche Förderung

Körper

Sich bilden und lernen wird durch Bewegung und Wahrnehmung unterstützt und gefördert. Alle Bewegungsabläufe verursachen entsprechende Vernetzungen im Gehirn. Bewegung ist damit immer auch Entwicklung von Gehirnarealen. Dieser grundlegende Zusammenhang wird von Erwachsenen heute allzu oft negiert, wenn sie Kinder beim Hüpfen und Toben, beim Balancieren und Klettern einschränken wollen. Das Kind lernt zudem durch Bewegung seinen Körper kennen und einschätzen. Es entwickelt dadurch ein Bild und Selbstbewusstsein von sich und seinem Körper. Gerade ganz kleine Kinder untersuchen und erforschen ihren Körper, indem sie die Beweglichkeit und Kraft, die Körperteile haben, ausprobieren und testen.

Bewegung beeinflusst auch die Stimmung von Kindern, kann sie ruhig oder wild werden lassen. Ein Kind kann mit Bewegung seine Gefühle ausdrücken, etwa wenn es übermütig tanzt oder um einen Gegenstand herumschleicht. Auch sich miteinander zu bewegen, ist für Kinder wichtig. Sie begegnen sich in der Bewegung, erkunden dabei sich selbst, aber auch die Grenzen und Möglichkeiten des sozialen Miteinanders.

Kinder sollten jeden Tag die Gelegenheit bekommen, zu schwingen, sich zu drehen und zu wiegen. Ideal sind dafür Vorrichtungen, die von der Decke herunterhängen: Seile, Schaukelsessel, Hängematten und Sprossenschaukeln. Aber auch Türkonstruktionen, bei denen Schaukelelemente im Türrahmen befestigt werden, können diesen Zweck erfüllen. Tägliche Spiele in einem gesicherten Außengelände schaffen viele unterschiedliche Bewegungserfahrungen.

Motorik

Die motorische Entwicklung eines Kindes beginnt bereits sehr früh im Mutterleib und setzt sich bis zum 14. Lebensjahr fort. Während die motorischen Aktivitäten des Kindes im Mutterleib in erster Linie der Entwicklung der Organfunktionen, dem Einüben von Bewegungsmustern und der Gestaltung der Gliedmaßen dienen, beeinflussen sie in den ersten Lebensmonaten vor allem das Wachstum und die Verschaltungen im Gehirn. In den ersten Monaten des Lebens lernt das Kind sich gegen die Schwerkraft zu behaupten und seinen Körper aufzurichten; nach den ersten sechs Lebensmonaten beginnt es, sich fortzubewegen. Wann der jeweils nächste Entwicklungsschritt getan wird, kann von Kind zu Kind sehr unterschiedlich sein und sollte nicht erzwungen werden. Eine motorische Fähigkeit kann nicht durch Üben erzeugt oder beschleunigt werden. Kann sich das Kind eigenständig bewegen, ist ein Einüben der motorischen Fähigkeit durch viele und unterschiedliche Bewegungserfahrungen möglich und wichtig.

Der wache Säugling sollte abwechselnd in der Bauchlage, der Rückenlage und einer halb aufrechten Babywippe sein, sodass er auf unterschiedliche Weise mit seinen Händen spielen, mit den Beinen strampeln und die Aktivitäten seines Umfeldes verfolgen kann. Die motorische Fähigkeit unterstützt zwar andere Entwicklungsbereiche, beeinflusst aber nicht deren Tempo. Auch Kinder zwischen dem ersten und dritten Lebensjahr sollten die Position öfter wechseln. Sitzball, Hocker, Kuschelecke, Stuhl oder Sofa bieten viele verschiedene Sitzformen. Kinder liegen auch sehr gern auf dem Bauch oder hocken. Je vielfältiger die Haltungen, die das Kind einnimmt und in kurzen Abständen wechselt, desto geringer die Gefahr einer einseitigen körperlichen Entwicklung. Sobald ein Kind laufen kann, ist es von sich aus immer in Bewegung, das beunruhigt Erwachsene manchmal, weil sie den Bewegungsraum absichern wollen und oft nicht wissen, welche nächste Grenze überschritten oder gerade untersucht wird.

Kleine Kinder wollen zunehmend Kontrolle über ihre Welt bekommen und erforschen deshalb Ursachen, Effekte und Grenzen. Ein »Nein« ist für diese Altersgruppe nicht verständlich. Etwas nicht tun zu sollen, wird von ihnen nicht verstanden, sondern bringt ein Kind oft erst auf die Idee, es zu tun und zu untersuchen. Sinnvoller sind deshalb für diese Altersgruppe Alternativen, die angeboten werden und die attraktiv genug sind, dass sie den Forschergeist des Kindes aktuell ansprechen. Wenn also eine gefährliche Treppe untersucht werden soll, die abgesperrt ist, weil Erwachsene die Furcht haben, dass ein Kind dort hinunterfällt, könnte man – wenn es Zeitpunkt und andere Kinder zulassen – mit dem Kind zusammen die Treppe erforschen. Rückwärts die Stufen herunterzurutschen oder zu klettern, kann beispielsweise eine sichere und eigenständige Methode sein, das Hindernis zu bewältigen. Dafür brauchen Kinder Erwachsene, die Geduld und Zeit haben.

Damit Grob- und Feinmotorik sich gleich gut ausbilden können, sollten sowohl feinsinnige als auch kraftvolle Bewegungen gefördert werden. Das gelingt gut mit Musik und rhythmischen Spielen.

Gerade das Tanzen nach Musik ist besonders geeignet, Kinder motorisch anzuregen. Tanzen ermöglicht wilde und ruhige, schnelle und langsame Bewegungen, vorgeben durch den Rhythmus der Musik. Der Körper der Kinder kann Geschwindigkeit und Ruhe wahrnehmen und dabei mit allen Sinnen die Wirkung von laut, leise, schnell, langsam, beruhigend, aufwühlend und vielem mehr erleben. Rhythmik und Fantasie für Bewegungsabläufe werden insbesondere dann geschult, wenn die Kinder sich frei nach ihrem eigenen Gefühl nach der Musik bewegen dürfen. Darüber hinaus werden durch den Wechsel der Rhythmen die Konzentrationsfähigkeit, die körperliche und geistige Ausdauer und die Sinneswahrnehmungen geschult.

Kinder haben einen natürlichen Drang und eine Freude daran, sich zu bewegen. Bewegung ist für sie wie Sprechen, Singen und Tanzen ein elementarer Ausdruck ihrer Gefühle und Empfindungen. Gestik, Mimik, Malen, Schreiben und Musizieren beruhen auf Bewegung und bedürfen eher der Feinmotorik. Babys können durch Gestik und Mimik zur Bewegung stimuliert werden, indem sie angelacht werden oder unterschiedliche Grimassen zu sehen bekommen. Ältere Kleinkinder lassen sich durch Musik, Geschichten und Farben zur Bewegung anregen. Sie können zur Musik mit Farbe malen, mit bunten Tüchern wirbeln oder Grimassen schneiden.

Die motorische Entwicklung ist für die Gesamtentwicklung des Kindes von sehr großer Bedeutung. Die Räume, in denen sich Kinder während des Tages aufhalten, sollten deshalb einigen Grundansprüchen Rechnung tragen: Das Kind sollte sich nicht verlassen fühlen, auch wenn es allein spielt. Blick- und/oder Rufkontakt sollte deshalb prompt gewährleistet sein, wenn das Kind danach verlangt. Gleichzeitig sollte das Kind in seinem Bewegungsdrang und Neugierverhalten möglichst wenig eingeschränkt werden und es darf bei seinen Erkundungen keiner Gefahr ausgesetzt sein. Mit ein wenig Achtsamkeit lassen sich diese drei Ansprüche umsetzen.

Ernährung

Essen sollte ein Genuss mit allen Sinnen sein. Bei einem kleinen Kind ist die Weisheit des Körpers noch gut ausgeprägt. Wenn es also den Mund bei bestimmten Nahrungsmitteln verzieht, kann man meistens darauf vertrauen, dass es genau weiß, was gut für es ist – und was nicht. Wenn man ein Kind oft überregelt, verliert es diesen gesunden und natürlichen Instinkt für seinen eigenen Körper. Zudem wird dem Kind signalisiert, dass es über seine Nahrungsaufnahme nicht selber entscheiden darf. Zum Thema »Ernährung« sollte eine gelassene Haltung eingenommen und Stress rund um das Thema »Mahlzeiten« vermieden werden. Kinder sollten ihre natürliche Neugierde auf neue Geschmacksrichtungen bewahren.

Ebenso wichtig ist es, auf den Grad der Sättigung zu achten. Die Anzeichen von Sättigung sollten erkannt und berücksichtigt werden. Dadurch lernt ein Kind selbst den Unterschied zwischen Hunger und Appetit auf etwas Bestimmtes kennen. Kinder, die ihren Teller immer leer essen sollen, erfahren nie ihren eigenen Sättigungsgrad. Sobald ein Kind anfängt, den Löffel zu halten und zu benutzen, sollte es Gelegenheit bekommen, sich selbst Essen auf den Teller zu tun. Bei gemeinsamen Mahlzeiten, die Kinder sehr lieben, wenn sie entspannt und gut gelaunt eingenommen werden, lernen Kinder Esskultur und Tischmanieren. Sie erleben das soziale Miteinander ebenso wie die verschiedenen Geschmäcker, Vorlieben und Essgewohnheiten ihrer kleinen Tischgemeinschaft. Gerade in diesen ersten drei Jahren ihres Lebens bilden Kinder ihr gesamtes Geschmacksrepertoire aus und lernen, was für ihr Umfeld gesunde Ernährung bedeutet. Mahlzeiten sollten für dieses frühe Kinderalter immer ohne Fabrikzucker und Auszugsmehl zubereitet werden, um sowohl für die Entfaltung der Geschmacksnerven als auch für den Aufbau der Darmflora und für gesunde Zähne eine gute Grundlage zu legen. Kinder sollten deshalb bevorzugt mit naturbelassenen Produkten ernährt werden.

Dem sehr wichtigen Thema »Trinken« kann durch kleine Pausenrituale ausreichend Platz gegeben werden. Qualitativ gutes Wasser ohne Zusätze sollte den ganzen Tag über im Zugriff sein.

Ein aktives Pausieren um gemeinsam zu trinken, gibt Kindern und Erwachsenen die Möglichkeit genug Flüssigkeit aufzunehmen. Getränke für Kleinkinder sollten immer zuckerfrei sein.

Körperpflege und Hygiene

Dies ist ebenfalls ein Bereich, in dem Kinder Selbstbewusstsein und gute Vorbilder brauchen. Das eigene Hygieneverhalten vom Händewaschen bis hin zu sauberen und getrennten Putzlappen für den Essens- und Sanitärbereich ist als Vorbildfunktion für

Kinder sehr wichtig. Was Erwachsene tun, wird von Kindern in den ersten drei Jahren nicht in Frage gestellt. Es wird selbstverständlich angenommen. Gerade im Hygienebereich und bei der Körperpflege ahmen Kinder Erwachsene nach. Händewaschen als gemeinsames Ritual nach dem Spazierengehen oder vor dem Essen vereinfacht die Vorbildaufgabe der Erzieher/innen. Auch die Vorbereitung des gemeinsamen Händewaschens ist ein sinnvolles und leicht einprägsames Ritual. Lebensmittel, die alt oder ungenießbar sind, werden entfernt und nicht mehr gegessen. Kinder erfahren so die Zusammenhänge zwischen Gesundheit, Ernährung und Hygiene. Waschen, Baden und Plantschen gibt viele Anlässe zur Körperhygiene und -pflege. Zähneputzen nach dem Essen ist für die Kinder mit mehr Spaß verbunden, wenn sie sehen, dass die Erzieher/innen auch die Zähne putzen. Damit sind Sie nicht nur ein gutes Vorbild, sondern tun auch Ihren Zähnen etwas Gutes. Techniken der richtigen Zahn- und Mundpflege können zusammen mit witziger und grimassenhafter Mimik ganz praktisch gezeigt werden. Ein Zahnputzritual hilft, das Zähneputzen selbstverständlich werden zu lassen.

Sobald ein Kind etwas selbst tun kann, sollte es das auch selbst tun dürfen. Zwischen dem ersten und dritten Lebensjahr werden Kinder meistens windelfrei. Sobald sie allein auf Toilette gehen können, sollten sie darin unterstützt werden. Zum einen spielt hier wieder eine Rolle, dass es sich um den Körper des Kindes handelt, den man mit Respekt behandeln sollte und zum anderen führt eine Aufforderung an das Kind, dann um Hilfe zu fragen, wenn es sie braucht, dazu, dass es seinen Körper als seinen eigenen begreift, für den es selbst zunehmend Verantwortung zu tragen lernt.

Sexualität

Frühe Unterstützung zur selbstständigen körperlichen Hygiene ist ein sehr guter Schutz vor sexuellem Missbrauch. Ein Kind, dass selbstbewusst mit seinem Körper umgehen und sicher sein kann, dass ein Erwachsener fragen muss, bevor er es drückt, anfasst oder ihm behilflich sein soll, geht mit diesem gestärkten Bewusstsein durch die Welt.

Zwischen dem zweiten und dritten Lebensjahr nehmen Kinder sehr bewusst ihr eigenes Geschlecht wahr. Die Geschlechtsidentität entwickelt sich aber bereits im Mutterleib. Das biologische Geschlecht muss mit dem psychologisch empfundenen Geschlecht und dem sozio-kulturellen Verständnis von Mann und Frau in Harmonie sein, damit sich ein Kind und später der erwachsene Mensch mit seiner Geschlechtszugehörigkeit wohlfühlt und eine wie auch immer gearteten Geschlechtsidentität entwickelt. Für das gesunde Aufwachsen von Kindern ist es enorm wichtig, ihnen viele Möglichkeiten zu bieten, unterschiedliche Ausprägungen von männlichem oder weiblichem Verhalten zu erleben. So können sie ihrer eigenen Identität am besten näher kommen und sich die Elemente im Leben Erwachsener heraussuchen, die für sie und ihr eigenes Leben stimmig sind. Erzieher/innen tragen mit ihrer eigenen Geschlechtsidentität sehr zur Erlangung und Stabilisierung der frühkindlichen Geschlechtsidentität bei. Ein unbefangener Umgang mit dem eigenen Körper, Grundwissen über Sexualität, ein offenes Sprechen über diese und der Respekt vor der persönlichen Intimsphäre unterstützen Kinder bei der Entwicklung ihres körperlichen Bewusstseins.

Sicherheit und Schutz

Kinder sind von sich aus neugierig, aber auch vorsichtig. Dennoch gibt es sehr viele Situationen, die Kinder in den ersten drei Jahren noch nicht einschätzen können. Nur Kinder, die vorsichtig und selbstbewusst sind, können auf noch unbekannte Gefahren angemessen reagieren und diese sogar oft vermeiden. Häufig werden Kinder durch ängstliche Erwachsene vor unendlich vielen Situationen verbal gewarnt. Für Kinder ist das nicht konkret und damit nicht begreifbar. Erwachsene sollten ihre Ängste nicht auf Kinder übertragen, sondern sie vielmehr in ihrer Selbstständigkeit unterstützen. Durch das Vorbildverhalten von Erwachsenen können Kinder lernen, Gefahrenquellen zu erkennen, einzuschätzen und zunehmend zu meistern. Ein gutes körperliches Bewusstsein spielt auch bei der Krankheitsvorbeugung eine nicht zu unterschätzende Rolle. Die Salutogenese beschäftigt sich mit der Entstehung von Gesundheit und gibt viele Anregungen zur Gesundheitsförderung und zum Aufbau und Erhalt von Widerstandskraft.

Vielfältige Bewegungserfahrungen sind für die soziale und kognitive Entwicklung bedeutsam. Bewegung und Denken sind eng miteinander verknüpft. So hat Bewegung nicht nur einen kurzfristigen Einfluss auf die Konzentrationsfähigkeit, sondern kann dauerhafte Effekte auf das Gehirn haben, was sich positiv auf das Lernen auswirkt. Körperliche Aktivität führt zur Bildung neuer Nervenzellen im Gehirn sowie zu einer Verstärkung und Neubildung von Nervenzellverbindungen, den Synapsen, und dadurch zu einer Leistungssteigerung des Gehirns.

Aufgrund des engen Zusammenhangs von Wahrnehmung und Bewegung, gewinnt das Kind durch Bewegung Erkenntnisse über seine Umwelt. Bewegung fördert eine Reihe kognitiver Kompetenzen, was sich wiederum bedeutsam auf die sprachliche und soziale Entwicklung des Kindes auswirkt. Durch Bewegung, auch im Spiel, wird es dem Kind möglich, sich einzuschätzen und seine Grenzen auszutesten, seine Kooperations- und Kommunikationsfähigkeit zu stärken und bestehende Aggressionen abzubauen.

Für die Entwicklung des Körpers eines Kindes sind wichtig:
- vielfältige Bewegung an frischer Luft,
- Bewegungsangebote im geschlossenen Raum bei schlechtem Wetter,
- eine gesunde und abwechslungsreiche Ernährung,
- ausreichende Ruhe- und Schlafphasen,
- gesicherten und geschützten Spielraum, der ausreichend zu bewältigende Herausforderungen für körperliche Erkundungszüge bietet,
- Rituale für Körperpflege und Hygiene,
- einen offenen Umgang mit Fragen zur Sexualität,
- Respekt vor seiner Intimsphäre.

Sinne

Bewegungserfahrungen sind Sinneserfahrungen. Sie sensibilisieren die Wahrnehmung und stärken einzelne Wahrnehmungsbereiche: Tasten und Fühlen, Gleichgewichtsregulation, Bewegungsempfindungen durch Muskeln, Sehnen und Gelenke, Sehen und Hören. Durch Bewegung macht das Kleinkind seine ersten Erfahrungen und gewinnt Einsichten über die Welt. Bewusstes Wahrnehmen führt zu bewusstem Erleben. Ein Erleben mit allen Sinnen unterstützt das ganzheitliche Lernen.

Was ein Kind sieht, hört, riecht, spürt und schmeckt, kann sich nachhaltiger und intensiver im Gehirn als Erfahrung ablegen, da ein und dieselbe Sache mit mehreren Sinnen wahrgenommen wurde. Ein Gegenstand aus der Natur zum Beispiel riecht und sieht anders aus als ein künstlich hergestellter. Auch wenn diese Gegenstände fallen, hören sie sich unterschiedlich an. Wenn man an ihnen lutscht, was sehr kleine Kinder gern tun, um sich auf diese Weise den Gegenstand zu erschließen, schmecken sie unterschiedlich. Auf der Haut fühlen sie sich auch jeweils anders an. Das leidige Thema »mit dem Essen spielen« kann unter diesem Aspekt noch einmal ganz anders betrachtet werden. Ein Kind möchte die Struktur dessen, was es isst, erfahren. Es hat den Wunsch, ein Lebensmittel anzuschauen, zu erriechen, zu ertasten, zu schmecken. Es will durch Zerkleinern hören, wie sich beispielsweise Salat und wie sich Brot anhört, wenn sie zerrupft bzw. gebrochen werden. Das erfordert natürlich Zeit und Ruhe, doch genau hier findet das Erforschen und Bilden in Alltagssituationen statt.

Immer mehr Kinder zeigen massive Anzeichen von Unruhe und es fällt ihnen schwer, sich auf eine Sache, ein Spielzeug oder eine Tätigkeit zu konzentrieren. Sie tragen in den meisten Fällen die Unruhe ihres Umfeldes nach außen. Erzieher/innen müssen für ihre eigene Ausgeglichenheit sorgen, um Kindern ein ausgewogenes Angebot zwischen Aktivität und Entspannung machen zu können, bei dem die Sinne nicht überreizt, aber doch aktiviert werden. In den ersten drei Jahren wird die Fähigkeit zur Konzentration durch eine gute Mischung von Bewegung und Ruhe entwickelt. Jedem stürmischen Spiel sollte auch eine Phase der Besinnung und Ruhe folgen, um Kinder vor einer Reizüberflutung zu schützen. Durch die sinnliche Erfahrung beim Essen, beim Erforschen von Dingen des Alltags, beim Spielen mit unterschiedlichen Materialien wird die Wahrnehmung und Konzentrationsfähigkeit gefördert. Wenn das Kind Sehen, Riechen, Schmecken, Hören und Spüren bewusst erlebt, werden seine Gehirnareale zu komplexen Verschaltungen animiert und bereichern so die Bilderwelt des Kindes. Diese innere Bilderwelt wiederum ist für die Sprachentwicklung sehr wichtig und hilfreich und fördert zudem die Phantasie.

Kinder bringen eine natürliche Beobachtungsgabe mit; diese wird durch die Betrachtung von Naturphänomenen gefördert. Das Einordnen und Begreifen von sinnlichen Erfahrungen und das Beobachten von Abläufen in der Natur hilft Kindern, sich ein Bild von ihrer Umwelt zu machen und sich mit Neugier an deren Erforschung zu begeben. Kinder bringen bereits viele sinnliche Erfahrungen aus ihrem elterlichen Umfeld mit in die Kindertageseinrichtung, wo ihre Sinneswahrnehmungen neu herausgefordert werden. Der Körper sammelt neue Daten und wenn diese regelmäßig auftauchen, verankern sie sich nachhaltig im Gehirn des Kindes. Vielleicht ist das Essen in der Kindertageseinrichtung bunter oder das Kind schnuppert frische Früchte. All diese Details wahrzunehmen und zuzuordnen, das ist für das Gehirn eines Säuglings richtige Arbeit. Mit etwas älteren Kleinkindern können Unterschiede zwischen seinem Zuhause und der Umgebung in der Kindertageseinrichtung zum Thema gemacht werden. Die Unterschiede können gesucht, betrachtet, beschrieben oder erforscht werden. Das gibt den sinnlichen Erfahrungen noch mehr Tiefe und dem Kind ein intensives Bewusstsein für die eigenen sinnlichen Erfahrungen.

Lachen ist ein sinnliches Erlebnis. Lachen trainiert das Zwerchfell, fördert das Lungenvolumen, führt zur Ausschüttung von »Glückshormonen«, steckt an, fühlt sich gut an und schafft eine angenehme soziale Atmosphäre.

Lachen (nicht auslachen) ist gesund und gibt jedem, ob Groß oder Klein, ein angenehmes Lebensgefühl. Gelegenheiten und Anlässe zum herzlichen Lachen sind tatsächlich eine Medizin! Es erhöht die Fähigkeit der Stressbewältigung und hilft, erfolgreich mit belastenden Situationen umzugehen. Das wiederum erhöht die Resilienz der Kinder, also jene psychische Widerstandsfähigkeit, die Kinder in die Lage versetzt, extrem schwierige Situationen zu meistern. Es gibt dazu einen eigenen Forschungszweig, die Resilienzforschung. Diese hat sich auf die Suche gemacht nach den Bedingungen, die bei Kindern, obwohl sie großen Entwicklungsrisiken ausgesetzt waren, zu psychischer Gesundheit und Stabilität führen.

Ein gutes Rezept für jeden Tag ist es, wenigstens einmal am Tag wirklich herzlich miteinander gelacht zu haben. Mit Kindern Momente des Lachens zu erleben und zu genießen, ist auch für Erzieher/innen eine Entspannungskur. Kinder lachen ungefähr vierhundert Mal am Tag, Erwachsene nur noch ca. 15 Mal und Depressive so gut wie nie. Beim Erwachsenwerden ist vielen offensichtlich das Lachen vergangen. Das ist kein Wunder, aber auch kein Grund, es dabei zu belassen. Die Engländer haben ein schönes Sprichwort »It's never too late to have a happy childhood« (Es ist nie zu spät eine glückliche Kindheit zu haben). Kinder helfen Erwachsenen dabei, die sonnigen Seiten des Lebens wieder zu entdecken, und werden so Bildungsbegleiter für die Erwachsenen. Das ist eine gute Voraussetzung für ein unterstützendes Miteinander.

Sprache

Die Sprachentwicklung fängt für Kinder bereits im Mutterleib an. Laute, die sie in dieser vorgeburtlichen Phase ihres Daseins kennenlernen, sind ihnen später bereits vertraut. In den ersten beiden Lebensjahren wird Sprache fast ausschließlich über die Körpersprache erlebt und deshalb auch mit allen Sinnen erfahren. Wie riecht oder fühlt sich der Mensch an, der Laute von sich gibt? Welche Tonlage gehört zu welcher Bewegung und welcher Haut?

In dieser frühen Phase seines Lebens erfasst das kleine Kind alles sehr komplex, ohne es selber bereits mit verbaler Sprache ausdrücken zu können: Wie schmeckt oder riecht etwas, wie sieht es aus und wie hört oder fühlt es sich an? Was passiert oder ereignet sich? Kinder können bereits vor dem eigenen Spracherwerb Objekte und Ereignisse unterscheiden. Alle Sinne speichern diese Eindrücke und führen zu einer Vernetzung im Gehirn. Was dem Kind in diesem Alter angeboten wird, sind weitreichende Basisbausteine für die weitere Sprachentwicklung. Der Gesichtsausdruck eines Sprechers ist für das Kind entscheidend und der direkte Augenkontakt mit dem Kind ist sehr wichtig. Durch wiederholtes weites Öffnen der Augen und des Mundes, durch stark angehobene Augenbrauen und bestätigendes Kopfnicken entsteht bereits ein ausdrückliches Gespräch mit Babys. In dieser Interaktion mit dem ganzen Körper ist der Ausdruck des Sprechers wie ein Sender. Körperhaltung, Bewegung, Mimik, Blickverhalten, Stimme, Körpergeruch und Berührung sind die Ausdrucksmittel, mit denen dem Kind – auch unbewusst – eine Stimmung, eine Intention und eine Botschaft kundgetan wird.

Das Kind als Empfänger von Signalen nimmt diese durch Sehen, Hören, Riechen, Spüren und Schmecken vorerst wertfrei auf. Durch regelmäßiges Anbieten gleicher Signale verfestigen diese sich beim Kind und werden Teil seiner Erfahrungen mit Sprache. Wenn sich etwas wiederholt, scheint es sehr wichtig zu sein.

Es ist biologisch vorgegeben, dass das Kind die Lautbildung und die Abfolge von Worten sinnlich aufnehmen und verarbeiten kann. Laute und Worte, die wiederholt werden, führen zu festen Verschaltungen im Gehirn. Das Potenzial, andersartige Laute und Worte muttersprachlich zu lernen, verschwindet dann in den ersten beiden Lebensjahren. Verschaltungsmöglichkeiten, die nicht benötigt werden, bilden sich nicht aus. Das ist kein Verlust, wie man denken könnte, sondern macht das Erlernen der Muttersprache hoch effizient. So lange es sich um die Erstsprache handelt, die gleichzeitig sowohl die Sprache des Umfeldes als auch die Landes-/Bildungssprache ist, verläuft der Spracherwerb meist unauffällig und im natürlichen Rahmen. Schwieriger wird es in dem Moment, wenn eine Familie zwei- oder mehrsprachig ist oder der Überzeugung ist, dass das Kind so früh wie möglich eine weitere Sprache erlernen soll, um sich Vorteile in der Bildung und der Gesellschaft zu sichern.

Wächst das Kind in einer mehrsprachigen Familie und/oder Umgebung auf, ist natürlicher Spracherwerb möglich und wird meistens auch praktiziert. Wenn die Sprache der Umgebung bzw. die Landessprache eine andere als die in der Familie gesprochene Sprache ist, trägt die Kindertageseinrichtung im Bereich der frühkindliche Betreuung, Erziehung und Bildung eine zusätzliche Verantwortung für die sprachliche Vorbereitung vor der Einschulung und für den weiteren Verlauf der Entwicklung und Bildung.

Die natürliche Neugierde eines jeden Kindes spiegelt sowohl seinen Wissensdurst, der zu stillen ist, als auch das Niveau seiner Aufnahmebereitschaft, wodurch die Menge und die Intensität der Informationen bestimmt werden. Gerade beim Spracherwerb ist dies zu beachten und streng einzuhalten, denn es reicht nicht, dass die Sprache erlernt und verinnerlicht wird, sie muss vom Kind auch lieb gewonnen werden können.

Die Reihenfolge, in der das Kind seine sprachliche Entwicklung macht, ist immer gleich: Begreifen, verstehen, sprechen. So kann ein Kind bereits eine Babyflasche eigenständig zum Mund führen um zu trinken, bevor es das Wort »Trinken« versteht, und es versteht das Wort »Trinken« bereits längere Zeit, bevor es das Wort selber nachsprechen kann. Begreifen, wie etwas geht, lernt das Kind durch Beobachtung und exploratives Lernen.

Ein Wort einem Gegenstand zuordnen zu können und zu wissen, dass das, was es zum Mund führt, eine Flasche ist, lernt es durch die Erwachsenen in seinem Umfeld, indem diese die Gegenstände immer wieder mit Namen nennen und auch ihre eigenen Tätigkeiten mit Worten und Erklärungen begleiten.

Das Kernstück der Sprachförderung ist deshalb auch das Benennen aller im Raum befindlichen Gegenstände und das Benennen dessen, was man gerade macht. Ebenso hilft das Benennen aller Dinge, die das Kind mit seiner Aufmerksamkeit belegt, sowie aller Untersuchungen, die das Kind in seiner natürlichen Neugierde vornimmt. Sprachentwicklung ohne zu sprechen geht nicht, und Kinder verstehen bereits sehr viel, bevor sie das, was sie verstehen, mit Worten selber ausdrücken können. Deshalb ist eine gesprächige Haltung in Gegenwart des Kindes sehr wichtig. Dadurch wird sowohl der passive als auch der aktive Wortschatz eines Kindes erweitert. Natürlich sollte das nicht unsinnig und ohne Zusammenhang passieren. Die Sprache sollte sich an der Vorstellungswelt des Kindes orientieren und in einer sinnvollen Beziehung zur aktuellen Situation stehen. Eine gute Sprachförderung braucht, um auf fruchtbaren Boden zu fallen, eine gute und verlässliche Bindung zwischen Kind und Erzieherin und eine beobachtende Wahrnehmung, wie das Kind aktuell lernt und wie es die Welt der Sprache entdeckt.

In den ersten drei Lebensmonaten ist der Inhalt der gesprochenen Worte noch nicht wichtig, weil der Säugling vor allem die Laute, die Wörter verursachen, aufnimmt. Doch eine deutliche und korrekte Aussprache hilft Kindern, die Laute später wiederzuerkennen und aus diesen wiedererkannten Lauten Worte zu bilden. Vereinfachtes, langsames, ausdrucksstarkes und wiederholtes Sprechen ist deshalb eine gute Investition in die Zukunft der Sprachentwicklung des Kindes. Innerhalb der ersten drei Monate beginnt das Kind zu lallen und zu glucksen. Das ist seine Art der Lautbildung. Diese Ausdrucksweise sollte unbedingt beantwortet, bestätigt und unterstützt werden, da sich damit der Erhalt der Motivation des Kindes zur weiteren Sprachentwicklung festigt.

Eine übertriebene melodische Sprechweise – umgangssprachlich Ammensprache genannt – vermittelt Babys einfache Botschaften. Die Aufmerksamkeit des Babys wird geweckt und Anerkennung, Warnung, Verbot und Beruhigung können durch die Melodie der Sprache ausgedrückt werden. Außerdem reguliert eine solche Sprechweise die Gefühle des Babys, teilt dem Baby die Gefühlslage der Personen in seinem Umfeld mit und hilft ihm beim Erkennen erster Wörter. Lallen und Sprechen fließen zeitlich ineinander über.

Die ersten Wörter des Kindes stammen aus seinem Umfeld, aus seiner unmittelbaren Umgebung. Das sind Geräusche, die es versucht nachzumachen, Dinge wie Spielzeuge, Fahrzeuge, Orte, wo man hingeht, Essen, Getränke und Gegenstände im Haus. Das deutliche Aussprechen dieser Worte während auf den erwähnten Gegenstand gezeigt wird, sollte immer davon begleitet sein, dass die Aufmerksamkeit des Kindes vorhanden ist und es das gesprochene Wort und den gezeigten Gegenstand in Verbindung wahrnehmen kann. Tätigkeiten können durch das Vormachen und das deutliche Nennen der Tätigkeit, die gerade ausgeführt wird, verständlich gemacht werden. Alle komplizierteren Wörter wie Eigenschafts-, Frage- oder besitzanzeigende Fürwörter und Bindewörter lernen Kinder am besten durch die ganz natürliche Benutzung der Sprache. Das Kind lernt die Wörter, Sätze und Sprachkombinationen nicht auswendig, sondern entdeckt die Regeln der Sprache und wendet sie an, ohne zu wissen, dass es eine Grammatik gibt. Die Regeln werden allerdings nicht gleichzeitig, sondern nacheinander entdeckt. Ausnahmeregeln der Sprache führen dann oft zu Übertragungen; so wird beispielsweise die Komparativbildung: »schön – schöner« vom Kind übertragen auf »gut – güter«. Bei manchen Übertragungen staunt man dann sehr, dass sie logischer erscheinen als die Version, welche die Sprachregel verlangt.

Sprachkompetenz wird in jeder Interaktion erworben, deshalb ist das gemeinsame Auf-etwas-Zeigen, Betrachten, Benennen und Wiederholen sehr wichtig und sollte bei kleinen Kindern jeden Tag stattfinden. Gezieltes Zuhören und Abwarten ist ebenfalls wichtig, um festzustellen, ob das Kind mit seiner Aufmerksamkeit bei dem ist, worüber gerade gesprochen wird. Blickkontakt und gezielte Ansprache passieren unmittelbar. Wenn dem Kind etwas gezeigt und benannt wird, ist es deshalb sehr wichtig, sich zuerst der Aufmerksamkeit des Kindes zu vergewissern und dann auf etwas zu zeigen, abzuwarten, bis das Kind seine Aufmerksamkeit auf das Gezeigte lenkt und dann das Gezeigte zu benennen.

Um den ersten Geburtstag herum fangen die meisten Kinder an zu sprechen. Manche Kinder sind darin schneller, andere weitaus langsamer. Wenn durch die Ergebnisse der ärztlichen Voruntersuchungen klar ist, dass kein Hör- oder Sehproblem vorliegt, sollte kein Kind zum Sprechen gedrängt werden. Je natürlicher Erwachsene selber reden und auf Pausen achten, damit das Kind auch reden kann, desto leichter wird es dem Kind fallen, mit dem Sprechen anzufangen. Häufig machen Kinder, die sehr spät reden, innere Entwicklungsprozesse durch, die nicht unmittelbar sichtbar sind.

Wenn das Sprechen erst einmal angefangen hat, nimmt der Wortschatz in den ersten Monaten langsam und dann sehr beschleunigt zu. Das spielt sich häufig zwischen dem 17. und 24. Monat ab.

Zu Beginn gebrauchen Kinder vorwiegend Substantive und »kleine Wörter« – wie beispielsweise: ab, auf – dann kommen Verben und Adjektive hinzu.

Im Laufe des zweiten Lebensjahres fangen die meisten Kinder an, mehrere Wörter zu sprechen. Kleine Kinder reden über ihr unmittelbares Umfeld und einfache Gefühlszustände. Auf diese Wörter einzugehen und alle Wörter immer so deutlich auszusprechen, dass sie vollständig bis zur Endsilbe gehört werden können, ist besonders wichtig.

Eine aktive Kommunikation mit dem Kind erfordert immer ein direktes Anschauen beim Sprechen oder eine gemeinsame Aufmerksamkeit auf eine Sache, über die geredet wird. Das fördert die Sprachkompetenz und die Konzentrationsfähigkeit des Kindes. Wenn Kinder in dieser Kommunikation Benennungsfehler machen, ist das durchaus normal, sie korrigieren sich meistens selber. Dauerndes Korrigieren durch Erwachsene hemmt eher den Redefluss des Kindes.

Mit zwei Jahren drehen und wenden Kinder bereits sehr gern Wörter hin und her, die sie kennen und mit denen sie lautmalerisch spielen: »Muss, musste, wusste«. Solche Spiele sollten unterstützt werden, indem alle lautmalen oder, wenn das Kind damit beginnt, keine weiteren neuen Spielangebote an das Kind gemacht werden.

Für Reime sind kleine Kinder auch sehr empfänglich. Die ersten Fingerspiele für Säuglinge bis hin zu gereimten Kinderliedern oder Kurzgedichten sind dazu sehr geeignet. Singen und Tanzen haben sich ebenfalls als ausgesprochen sprachfördernd herausgestellt, weil die Töne und Lautketten dabei durch fröhliches Quietschen und Jauchzen fast spielerisch entstehen. Singen und Tanzen sollten regelmäßig zu den Angeboten in der Kindertageseinrichtung gehören. Das ist für die Entwicklung des ganzen Körpers, der Sinne, der Sprache, der Gefühle und des Denkens hilfreich und unterstützend.

Die Entwicklung der Sprache eines Kindes wird unterstützt durch
- Zeigen und Benennen von Gegenständen und Aktionen,
- Abwarten und Hören,
- Gebärdensprache und Interaktion durch Mimik,
- Antworten auf das erste Lallen mit ähnlichen Lauten,
- artikuliertes Sprechen und Wiederholen des Gesprochenen,
- Kommunikation mit Augenkontakt und Konzentration auf Dinge, über die gesprochen wird,
- Singen und Tanzen.

Zahlen und Formen

Wie die Sprache erschließen sich Zahlen und Formen Kleinkindern sehr sinnlich und komplex. Das Bild, das ein Kind sieht, während gezählt oder gewogen wird, prägt sich in gleicher Genauigkeit im Gehirn ein wie der Wortlaut der Zahl. Es hat in diesem frühen Stadium noch keinen Begriff von einem Zahlenstrahl, realisiert also nicht, dass die Eins vor der Zwei kommt und die Zwei vor der Drei. Das ist auch vorerst nicht so wichtig. Durch die korrekte Abfolge beim Zählen »eins, zwei, drei ...« wird das Lautbild abgespeichert und kann später wieder abgerufen werden.

Lautes Abzählen, etwas nachmessen oder wiegen, hilft Kindern beim Erwerb eines Zahlenverständnisses. Dieses beginnt mit dem Hören von Zahlen in Verbindung mit Maßeinheiten und wird wie Sprache erlernt. Kinder, die beim Abmessen eines Bastelbogens oder eines Stoffstücks zusehen, das Zentimetermaß wahrnehmen und Erzieher/innen laut »zehn Zentimeter, ein Meter, zwei Meter« sagen hören, werden neugierig. Sie kommen und schauen, was da vor sich geht. Sie interessieren sich für Tätigkeiten von Erwachsenen, aber auch für das Lineal oder das Band, auf dem so seltsame Zeichen zu sehen sind. Wenn das Kind in die Messaktion mit einbezogen wird oder sogar selber versuchen darf zu messen, und danach auch noch die Größe des Kindes gemessen wird, sodass es seine Länge auf dem Zentimetermaß angezeigt bekommen kann, dann hat es schon viel für sein Zahlenverständnis erlebt.

Schon in den ersten Lebensjahren bildet sich die Grundlage für späteres mathematisches Denken heraus, indem das Kind Erfahrungen mit Regelmäßigkeiten, Mustern, Formen, Größen, Gewicht, Zeit und Raum macht. Formen erschließen sich Kleinkindern ebenfalls über mehrere Sinne. Ein runder Ball und ein dreieckiger Bauklotz sehen nicht nur anders aus, sie fühlen sich auch sehr unterschiedlich an und lassen sich auf einer glatten Unterlage anders fortbewegen. Die natürliche Entdeckerlust der Kinder für technische und naturwissenschaftliche Fragen korrespondiert höchst effektiv mit den Anregungen die sie durch ihre Bildungsbegleiter/innen erhalten.

Durch Experimente mit Wasser, Schlamm, Blättern, Schalen und Früchten erfahren Kinder die Faszination von naturwissenschaftlichen Phänomenen. Sie lernen spielerisch den Umgang mit Naturstoffen und entdecken, wie unterschiedlich sich diese jeweils verhalten. Kalt und heiß, weich und hart, nass und trocken können angefasst, erlebt und begriffen werden. Dieses unmittelbare Lernen regt zum einen die Sinne an, ermöglicht Kindern aber zugleich, Kenntnisse über verschiedene Materialbeschaffenheiten zu erlangen. Wenn kleine Kinder wiederholt Gegenstände fallen lassen, erforschen sie die Fallgesetze. Sie nehmen dabei auch wahr, wie unterschiedlich schnell oder langsam Gegenstände aus der gleichen Höhe fallen. An dem konzentrierten Blick der Kinder in einer solchen Situation kann man sehen, wie aufmerksam sie ihren neugierigen Fragen nachgehen. Das Gleichgewicht eines Mobiles, welches man verändern kann, die Achsen des Spielautos oder der Hebelmechanismus einer Kiste sind gute Experimentierbereiche, um sich technischen Fragen zu nähern. Durch die Förderung der kindlichen Entdeckerfreude werden persönliche Kompetenzen wie Geduld, Konzentrationsfähigkeit, Lernmotivation und Selbstständigkeit erhalten und gefördert.

Die Entwicklung des Verständnisses für Zahlen, Formen und einfache physikalische Gesetze kann gefördert werden durch
– lautes Ab- und Vorzählen,
– wache Aufmerksamkeit für seine Experimente,
– Farbspiele mit verschiedenen Formen, bei denen jede Form eine eigene Farbe hat,
– Erfolgsbestätigung bei gefundenen Formen oder Nachahmungen,
– Unterstützung seiner Entdeckerfreude beim Fallen, Rollen, Drehen und Neupositionieren von Gegenständen,
– Erfahrungen mit Regelmäßigkeiten, Mustern, Formen, Größen, Gewicht, Zeit und Raum; Untersuchungen an Alltagsgegenständen.

Denken

Denken ist eine abstrakte Sache. Weil das, was Erwachsene denken, und das, was sie sagen, zudem noch völlig unterschiedlicher Natur sein kann, kommt es oft zu Missverständnissen zwischen Erwachsenen und Kindern. Kinder nehmen Personen »ganz« wahr, sie setzen Mimik und Körpersprache miteinander in Bezug und spüren, ob Denken und Sprechen übereinstimmen. Sie haben ein feines Gefühl dafür, ob etwas stimmig ist oder nicht, und liegen damit selten falsch. Gedanken laut auszusprechen vermittelt Kindern schon sehr früh, welche Prozesse im Kopf einer Handlung vorausgehen. Das regt auch ihr eigenes Denken an.

Gedanken laut auszusprechen und Denkprozesse laut wiederzugeben, ist für die meisten Erwachsenen erst einmal gewöhnungsbedürftig, es ist aber auch eine gute Selbstreflexion: Das ausgesprochene Wort hat auch vor dem Bewusstsein des Sprechers eine ganz andere Bedeutung als ein nur gedachtes Wort. Ausgesprochene Worte können banal, zu hart oder unklar wirken, obwohl der Gedanke wichtig, angemessen und klar erschien. Beim Aussprechen von Gedanken wird die eigene Klarheit im Ausdruck von Gedanken und Gefühlen geschult.

Beim Denken gibt es immer die drei Zeitkategorien Vergangenheit, Gegenwart und Zukunft. Man kann sich an etwas erinnern, was passiert ist, und die Gedanken um diese Erinnerung herum kreisen lassen. Das Denken ist dann eher ein Nachdenken über etwas bereits Geschehenes. In der Gegenwart wird das Denken zu einem unmittelbaren Lösungsinstrument. Es ist dann eher ein Überdenken und Umdenken. Die Planung eines Tagesablaufes gehört beispielsweise dazu. Für diese Planung wird Wissen aus der Vergangenheit genutzt und gegebenenfalls wird auch über die Wirkung dieser Tagesplanung für die Zukunft nachgedacht. Die Planung selber findet durch Gedanken in der Gegenwart statt und löst aktuelle Herausforderung, Probleme oder Aufgaben. Das Denken wird auf einen aktuellen Umstand angewandt. Beim Zukunftsdenken werden Erfahrungen aus Vergangenheit und Gegenwart genutzt, um sich ein Bild über die Zukunft zu machen und diese zu gestalten und vorzuplanen. Es kann auch vorkommen, dass solche Vorstellungen das aktuelle Denken beeinflussen und dadurch Handlungen in der Gegenwart verändern. Je stärker eine Vorstellung ausgebildet ist, desto wirkungsvoller kann sie für die Gegenwart genutzt werden. Kinder prägen diese Zeitschiene erst noch aus. Ungefähr bis zum zweiten Lebensjahr haben sie keine Vorstellung von Zeit. Zeit ist noch zu abstrakt, im Wortsinn nicht begreifbar. Deshalb nutzt es auch nichts, Kinder in diesem Alter auf eine bestimmte Zeit hin zu vertrösten. Sobald Kinder »ICH« sagen, beginnt sich diese Zeitschiene auszubilden. Das Kind weiß, was es gestern gemacht hat oder was es morgen machen wird. Davor jedoch ist alles Denken und Spiel gegenwärtig. Bildungsbegleiter/innen können die Aufmerksamkeit und Konzentration eines Kindes unterstützen, sodass es den aktuellen Denkprozess zur Lösung seiner aktuellen Aufgaben nutzen kann und durch häufige Wiederholung eine Bestätigung seines Erfolges bekommt.

Aufmerksamkeit und Konzentration sind keine Gaben, die Kinder von Geburt an besitzen. Sie sind vielmehr das Ergebnis eines kontinuierlichen Entwicklungs- und Reifeprozesses, der bei jedem Kind zu einem unterschiedlichen Zeitpunkt abgeschlossen ist. Die Erzieher/innen entdecken die Aufmerksamkeit eines Kindes und unterstützen sie, indem sie Zeit und Raum für Aufmerksamkeit und Konzentration lassen. Das Kind selber macht die Erfahrungen von Wiederholung, Erfolg, Misserfolg und Varianz. Die Erzieher/innen bestätigen den Erfolg und ermuntern zur Wiederholung oder Varianz, wenn es Misserfolg hatte. So können Geduld, Aufmerksamkeit und Konzentration gefördert werden. Erfolgserlebnisse stärken die Eigenmotivation des Kindes und wecken die Lust an geistiger Herausforderung. Im Vordergrund steht immer, die Intention und die Motivation des Kindes zu erhalten und zu fördern.

In Ruhe ein Bilderbuch anzusehen oder Kinder bei Ausflügen und Spaziergängen spielerisch anzuregen, die vielen Dinge in ihrer Umwelt mit genauem Blick wahrzunehmen und sich Bilder einzuprägen, ist bei der Förderung der Konzentrationsfähigkeit ein wichtiges Element.

Motorisch trainierten Kindern fällt es leichter, sich auf Neues einzulassen und zu begeistern. Ob Spring- oder Hüpf-Spiele, Geschicklichkeitsspiele oder Bastelarbeiten, grob- und feinmotorische Fähigkeiten – das alles beeinflusst die Konzentrationsfähigkeit in geeigneter Weise. Was das Ohr aufnimmt, gelangt direkt ins Gehirn. Deshalb gilt: Wer gut zuhören kann, steigert seine Fähigkeit zur auditiven Wahrnehmung. Vorlesen und – bei etwas älteren Kleinkindern – Weitererzählen lassen einer begonnenen Geschichte fördern ebenfalls Aufmerksamkeit und Konzentration. Erzieher/innen sind mit ihrem Hör- und Zuhörverhalten ein wichtiges Vorbild für Kinder.

Bevor Kinder lesen und schreiben lernen, besitzen sie eine erstaunlich gut ausgeprägte Merkfähigkeit. Der Grund hierfür ist einfach: So lange das Kind noch nicht lesen oder schreiben kann, ist es darauf angewiesen, sich die Fakten zu merken. Merkspiele und zahlreiche alltägliche Aufgaben trainieren die Fähigkeit des Kindes, logisch zu denken, Gruppen zu bilden, eigene Schlüsse zu ziehen. Die Konzentration zeigt sich nicht ausschließlich darin, ob ein Kind aufpasst. Konzentration hat auch nichts mit Zwang und Überwindung zu tun. Stattdessen ist die Fähigkeit, seine Aufmerksamkeit auf eine ganz bestimmte Sache zu lenken und störende Momente auszublenden das, was unter Konzentration zu verstehen ist. Wer ein Kind beim Spielen vertieft erlebt und festgestellt hat, dass jede Ansprache in diesem Moment uninteressant ist, weiß, dass wahre Konzentration eher der Begeisterung entspringt, sich voll und ganz einer Sache zu widmen. Das gilt für Basteln und Malen ebenso wie für das Spiel mit Bausteinen, mit der Eisenbahn oder dem Puppenhaus. Kinder, die in ein Spiel versunken sind, sollten nicht unterbrochen werden, dadurch wird ihre Fähigkeit zur Konzentration gefördert. Wichtige Voraussetzungen, um sich überhaupt konzentrieren zu können, sind eine gute Ernährung und ausreichend Bewegung. Ruhe, Schlaf, Bewegung, Anregung und gutes Essen sind Basisbausteine, damit das Denken sich bei Kindern gut entwickeln kann.

Denken geschieht einerseits von ganz allein, kann aber durch Unterstützung geschärft werden. Für das tägliche Lernen ist Denken die Voraussetzung. Es bildet die Grundlage für den weiteren Wissenserwerb, die Wissensorganisation und die Ausprägung der Beurteilungsfähigkeit. Letzteres ist unerlässlich, um Wichtiges von Unwichtigem zu unterscheiden. Das Kind entwickelt im Laufe der Jahre ein Bewusstsein dafür, dass es lernt, was und wie es lernt. Dadurch erlangt es die Fähigkeit, sein erworbenes Wissen anzuwenden und zu übertragen, aber auch, Probleme eigenständig lösen zu wollen und zu können. Später, zum Beispiel als Schulkind, braucht es diese Fähigkeit, um neues Wissen bewusst, selbstgesteuert und reflektiert zu erwerben, sein eigenes Lernverhalten zu beobachten und zu regulieren.

Die Denkfähigkeit wird unterstützt durch
- lautes Aussprechen von Gedanken,
- Bewegung und Körpererfahrung,
- Vorlesen und »Weitererzählen lassen«,
- Ruhe und Stille,
- ausreichenden Schlaf,

- gesunde Ernährung,
- kleine Aufgaben, die das größere Kleinkind erledigen kann.

Gefühle

Die Säuglingsforschung der vergangenen Jahrzehnte hat das Bild vom Baby revolutioniert. Bereits Säuglinge können Gefühle verstehen und ausdrücken. Sie können sogar Gefühle differenziert wahrnehmen. Drei Monate nach der Geburt kann ein Baby mit Hilfe von Mimik und Gestik freundliche Zuwendung, lebhafte Freude, Aufmerksamkeit, Erstaunen, Erwartung, Angst und Schmerz als Gefühl ausdrücken. Wenn Personen mit ihrer Mimik und Gestik den Ausdruck des Kindes wiedergeben, fühlt sich das Kind verstanden und kann Gefühlsausdrücke bei seinem Gegenüber wahrnehmen. Auf einen traurigen Blick eines Babys mit einem traurigen Blick zu reagieren und dann zu lächeln, führt in den meisten Fällen dazu, dass das Kind versuchen wird, die Mimik und Gestik seines Gegenübers nachzumachen. Eine solche empathische Kommunikation führt zu einem zunehmenden Verständnis füreinander. So wird die Beziehung zwischen einer Bezugsperson und dem Kind aufgebaut und gefestigt. Gefühle sind für die 0- bis 3-Jährigen der Humus, auf dem sich die Bindung zu Personen in ihrem Umfeld entwickelt und die Triebfeder für ihre Motivation und Selbstbildung.

Durch empathisches Verhalten der Erzieher/innen helfen diese dem Kind, sich wohl zu fühlen, sein Selbstwertgefühl positiv zu entwickeln und zu einer positiven Bewertung der eigenen Person und des eigenen Handelns zu gelangen. Empathie ist das Einfühlungsvermögen, sich in die Rolle des Kindes zu versetzen und die Welt mit seinen Augen zu sehen. Das hilft sehr, seine Stimmungen, Gefühle und Ansichten zu verstehen. Gefühle des Kindes zu benennen, kann für das Kind sehr hilfreich sein. Wenn ein Kind weint und es wird mit tröstenden Worten den Grund seines Weinens genannt: »Oh, jetzt hast du dich aber fest gestoßen, ei, ei, ei.«, dann kann selbst ein Kind, welches die Worte noch nicht versteht, an dem Lautbild erkennen, dass man es gut mit ihm meint, und lässt sich leichter trösten. Später wird es die Worte verstehen und merken, dass man Gefühle aussprechen kann und nicht unterdrücken muss. Schmerz oder Unwohlsein sollten nicht negiert oder unterdrückt werden, weil ein Kind dadurch das Gefühl bekommt, dass sein Schmerz nicht ernst genommen wird oder es sogar seinen eigenen natürlichen Empfindungen misstrauen lernt.

Die Art, wie Erwachsene mit Gefühlen umgehen, ist für ein Kleinkind maßgeblich. Je offener Erzieher/innen mit Gefühlen umgehen können, diese benennen und sich an der Auflösung von negativen Gefühlen beteiligen, desto leichter kann ein Kind seine eigenen Gefühle ernst nehmen, sie benennen und regulieren.

Der kompetente Umgang mit eigenen Gefühlen befähigt Kinder auch, Gefühle bei anderen wahrzunehmen und passend zu reagieren. Wenn Kinder erfahren, dass sie mit ihren eigenen Gefühlen selbstbestimmt und selbstwirksam umgehen können, dass sie diese regulieren können, dann lernen sie auch, die Gefühle anderer Menschen zu identifizieren und gute und schlechte Gefühle zu unterscheiden. Durch einen offenen Umgang mit den eigenen Gefühlen und der Fähigkeit, sich auf die Gefühle anderer empathisch einzulassen, können sich Kinder zu selbstbewussten, autonomen Menschen entwickeln. Sie werden kontakt- und kooperationsfähig und können konstruktiv mit Konflikten umgehen. Belastende Situationen lernen sie effektiv zu bewältigen. Positiv bewältigte Konflikte wiederum machen Kinder stark. Ihre Resilienz wird erhöht und sie erwerben damit die emotionale Kompetenz für ihr ganzes weiteres Leben.

Ein positiver Umgang mit Gefühlen wird unterstützt durch
- Mimik und Gestik beim Ausdruck der eigenen Gefühle,
- Spiegeln der Gefühle des Kindes durch die Mimik,
- Aussprechen von eigenen Gefühlen,
- Ausdrücken der Gefühle des Gegenübers,
- einen offenen Umgang mit Gefühlen,
- die Möglichkeit zum Rückzug.

Werte

Werte sind Maßstäbe für soziales Handeln. Die Vorstellung von einem angemessenen Verhalten in einer bestimmten Situation ist oft deutlicher als das konkrete Werteverständnis, welches einer solchen Vorstellung zugrunde liegt. Handeln ohne Werte ist gar nicht möglich, weil allem Tun eine Erwartung zugrunde liegt, die man an sich oder andere stellt und die man für berechtigt hält. Wer beispielsweise nicht eine Stunde auf jemanden warten möchte, wenn er sich zu einer festen Zeit verabredet hat, legt Wert auf Pünktlichkeit und Zuverlässigkeit.

Es gibt eine große Bandbreite an Werten:
- Soziale Werte: Gesundheit, Freiheit, Gerechtigkeit, Toleranz, Mitgefühl, Respekt
- Kulturelle Werte: Bildung, Kunst und Musik, Umgangsformen, Hygiene
- Politische Werte: Demokratie, Menschenrechte, Mitbestimmung
- Religiöse Werte: Selbst-, Nächsten- und Gottesliebe, Sinnstiftung, Bräuche
- Ökologische Werte: Leben im Einklang mit der Natur, gesunde Anbauformen, ressourceorientiertes Wirtschaften

Welche dieser Werte mehr oder weniger wichtig sind, hängt stark von der Erziehung und den Vorstellungen der Eltern ab. In die Kindertageseinrichtung kommen Kinder aus unterschiedlichen Elternhäusern, die alle für sich bestimmte Werte leben, die sich mehr oder weniger mit der Wertehaltung einer Einrichtung oder der Erzieher/innen vertragen. Ziel einer wertorientierten Erziehung ist es, Kindern Erfahrungsräume anzubieten, in denen sie Werte erleben und eigenes an Werten ausgerichtetes Verhalten üben können. Dabei kommt es entscheidend auf die Gestaltung ihrer Lernumgebungen und auf die Qualität ihrer sozialen Beziehungen an. Von diesen hängt es letztendlich ab, ob Kinder die vorgelebten Werte annehmen können oder nicht.

Durch die eigenständige Auseinandersetzung mit seiner Umwelt bildet das Kind sich selbst und stimmt sich dabei von Anfang an auf die Werte ein, die es ganz unmittelbar erfährt. Kleine Kinder lernen Werte vor allem kennen, indem sie erleben, wie ihre Umwelt und die Menschen auf sie reagieren. Eltern und Verwandte reagieren positiv, ermutigend oder lobend auf bestimmte Aktionen ihrer Kinder, negativ oder ablehnend anderen gegenüber. Spielzeug mit einem Geschwisterkind zu teilen, beim Verteilen von unterschiedlich großen Keksen der Spielkameradin den größeren Keks zu lassen, das wird von Erwachsenen positiv verstärkt, während das gegenteilige Verhalten negativ beurteilt wird. Kinder bekommen das in der Komplexität, die ein solches Verhalten von Erwachsenen zeigt, sehr gut mit. Die Erzieher/innen begleiten diese Selbstbildungsprozesse und unterstützen das Kind, die Wertehaltung in der Einrichtung zu verstehen und zu leben und dennoch eine andere Wertehaltung im Elternhaus zuzulassen.

Grundlage für ein gemeinsames Verständnis sollte die UN-Menschenrechtserklärung sein. In ihr fließen Werte aus vielen Kulturen der Welt zusammen, auf die sich auch sehr verschieden orientierte Eltern einigen können. Dazu gehören die Anerkennung der Menschenwürde, das demokratische Prinzip, Solidarität, Gerechtigkeit und Freiheit. Weitere Anhaltspunkte sind in der UN-Konvention über die Rechte des Kindes, im Grundgesetz und den nachgeordneten Gesetzen zu finden. Kinder haben damit einen gesetzlichen Anspruch auf Gleichheit, Gesundheit, Bildung, Spiel und Freizeit, freie Meinungsäußerung, gewaltfreie Erziehung, Schutz im Krieg und auf der Flucht, Schutz vor wirtschaftlicher und sexueller Ausbeutung und das Recht auf elterliche Fürsorge und Betreuung bei Behinderung.

Diese Werte sind nicht durch Wissensvermittlung lernbar, sondern nur durch Erfahrung. Sie müssen vorgelebt werden. In der Diskussion mit den Eltern sollten Erzieher/innen herausfinden, welche Werte beiden Seiten wichtig sind, welche sie gemeinsam vermitteln und vorleben wollen und welche nur für die Einrichtung oder nur für die Eltern wichtig sind. Das Kind versteht schnell: Es gibt Werte, die allen wichtig sind, und es gibt Werte, die nur den Eltern oder nur in der Einrichtung wichtig sind. Das gilt umso mehr, wenn Mädchen und Jungen aus anderen Kulturräumen in der Kindertageseinrichtung sind. Kinder sollten Gelegenheit bekommen, ihre eigenen Bräuche mit einzubringen. Im gemeinsamen Singen von fremden Liedern oder dem Zubereiten ungewohnter Speisen zeigt sich für Kinder die aufgeschlossene Haltung. Durch ein feinfühliges Verhalten können Erzieher/innen Kindern verschiedener Kulturen gegenüber eine Haltung einnehmen, die sie fördert und unterstützt. Kinder brauchen positive emotionale Erfahrungen, Rituale, die das Pflegen von Werten vermitteln, und offene Erfahrungsräume, in denen sie selbst ihre persönlichen Werte entdecken können.

Der Bundesregierung war das Thema »Werte« so wichtig, dass das Bundesforum Familie 2008 eine Erklärung vorgelegt hat, in der sich über 100 größere und kleinere Verbände für eine wertorientierte Erziehung ausgesprochen und dies in der Berliner Erklärung »Position beziehen – gesellschaftlichen Dialog gestalten« festgehalten haben. In einer Fragebogenaktion hatte das »Bundesforum Familie« zuvor Eltern Fragen zur Wichtigkeit von Werten gestellt. Das Ergebnis sah so aus: 67 Prozent der befragten Eltern sprachen sich für »Ehrlichkeit und Aufrichtigkeit« aus. An zweiter Stelle stand mit 30 Prozent die »Achtung Anderer« und an dritter Stelle mit 24 Prozent die »Liebe«. Weniger als 5 Prozent der Eltern benannten die klassischen Tugenden »Pünktlichkeit«(4 Prozent), »Ordnungsliebe« (3 Prozent), »Fleiß« (2 Prozent) oder »Disziplin« (2 Prozent).

Die Entwicklung von Werten wird unterstützt durch
- das Aus- und Vorleben von Werten,
- Rituale, die Werte transportieren,
- eine an den Menschenrechten orientierte Verhaltensweise den Kindern gegenüber,
- Akzeptanz der durch das Elternhaus des Kindes vermittelten Werte,
- Einbeziehung der Werte des Kindes in den Alltagsablauf.

Bildung und Bindung

Ein Kind kann nicht gebildet werden. Es bildet sich selbst. Durch seine individuellen Motive, seine Bedürfnisse, untersucht es die Welt und die Themen, die sich ihm in den jeweiligen Entwicklungsfenstern anbieten. Erwachsene können das Kind in diesem Selbstbildungsprozess mehrfach unterstützen. Indem sie die Bedürftigkeit des Kindes erkennen, ihr nachkommen und auf seine individuellen Bedürfnisse achten, schaffen sie eine sehr gute Grundlage, damit aus einer Beziehung zum Kind auch eine Bindung werden kann. Bindung – das ist das alles entscheidende Thema für die Bildung kleiner Menschen. Noch viele Jahre, bis in das späte Grundschulalter hinein, lernen Kinder auch aus dem Wunsch heraus, Eltern und lieb gewonnenen Erziehern und Erzieherinnen und Lehrerinnen und Lehrern eine Freude zu machen. Selbst Jugendlichen folgen aufmerksamer dem Unterricht, wenn die Lehrperson einen guten Draht zu den Teenagern gefunden hat.

Aus den Beziehungen der Kinder zu ihren ersten und frühen Bezugspersonen – Eltern, Verwandte, Erzieher/innen und Kindertagespflegepersonen – werden Bindungen, die für Kleinkinder sehr wichtig sind, um sich geborgen und gut aufgehoben zu fühlen. Hier wird die Grundlage für die Lust am Lernen gelegt. Mit dem Ausdruck »Geborgenheit« wird ein Zustand des Sicherheits- und Wohlgefühls beschrieben. Geborgenheit ist mehr als nur Sicherheit, Schutz und Unverletzbarkeit; Geborgenheit symbolisiert auch Nähe, Wärme, Ruhe und Frieden. Der Ausdruck gilt gemeinhin als nicht übersetzbar und existiert in einigen Sprachen wie beispielsweise dem Englischen, Französischen und Russischen nicht. Das Wort wurde 2004 im Rahmen eines internationalen Wettbewerbs zum zweitschönsten Wort der deutschen Sprache gekürt. Psychologen und Pädagogen betrachten die Erfahrung von Geborgenheit in der Kindheit als wesentlich für die Entwicklung einer stabilen Persönlichkeit. Das emotionale Bindungsverhalten des Säuglings sichert sein Überleben. Frühkindliche Bildungsbegleiter/innen sind neben den Eltern ein zweiter »sicherer emotionaler Hafen«, von dem aus das Kind seine Erkundungen machen kann. Wenn durch Erzieher/innen der Kreis der Bezugspersonen für sehr kleine Kinder wächst, ist es sehr wichtig, das Kind mit diesen und dem neuen Umfeld vertraut zu machen. Das sollte langsam, feinfühlig und im Tempo der Kinder passieren. Als zweite oder dritte Bezugsperson sollte man von sich aus niemals den Versuch unternehmen, für ein anvertrautes Kind die erste Bezugsperson werden zu wollen. Das sind in der Regel Mutter oder Vater.

Die erste Bezugsperson eines Kindes ist bis zum ersten Lebensjahr außerordentlich wichtig und kann am nachhaltigsten eine stabile und sichere Basis gewährleisten. Die Betreuung eines Säuglings sollte vor dem dritten Lebensmonat oder nach dem ersten Lebensjahr beginnen, damit das Kind eine weitere Bezugsperson entweder kennenlernt, bevor es anfängt, Vertrautes von Neuem zu unterscheiden, oder nach dieser Phase der Unterscheidung. Mit einem Jahr kann ein Kind sich bereits bewusst für oder gegen eine Kontaktaufnahme zu anderen Personen entscheiden. Das macht eine Eingewöhnung in die Betreuung zwar schwieriger – umgangssprachlich ist für diese Phase das Wort »fremdeln« gebräuchlich –, ermöglicht aber auch, dass die weitere Bindungsperson sehr bewusst akzeptiert wird und dem Kind eine echte Chance für positive Herausforderungen schaffen kann. Das Bedürfnis des Kindes nach Bindung wird akut, wenn es Angst und Trennung erlebt. Durch körperliche Nähe zur Bindungsperson wird das Bindungsbedürfnis wieder beruhigt. Durch Gleichmaß und Regelmäßigkeit kann auch zu einer weiteren Bezugsperson eine Bindung entstehen, in der sich das Kind vertrauensvoll öffnen kann. Wie gut diese werden kann, hängt sehr entscheidend von der Offenheit der Eltern ab. Erleben diese andere Bezugspersonen als Konkurrenz, ist das für alle Beteiligten wenig vorteilhaft.

Die Klärung der Beziehungs- und Bindungsrollen in dem Dreieck Eltern – Kind – Erzieher/in ist sehr wichtig und sollte von Anfang an sehr ernst genommen werden. Wenn sich alle beteiligten Erwachsenen als Unterstützer für das Kind verstehen und sich untereinander wertschätzend behandeln, kann das Kind davon immer nur profitieren.

> **Ohne Bil(n)dung ist alles nichts**
> (…) Emotionale Bindungen an andere Menschen sind der Angelpunkt, um das sich das Leben eines Menschen dreht, nicht nur in der Säuglingszeit oder im Kindergartenalter, sondern auch in der Schulzeit und Jugend sowie im Erwachsenenleben und bis ins hohe Alter.
>
> Aus diesen emotionalen Bindungen schöpft ein Mensch Kraft und Lebenszufriedenheit, und er kann hieraus auch wieder anderen Menschen Kraft und Lebensfreude schenken. Dies sind Themen, in denen sich die Erkenntnisse der modernen Wissenschaft und traditioneller Weisheit treffen und übereinstimmen … (John Bowlby, 1980)

Wissenschaftler der Universität Yale haben festgestellt, dass Babys bereits im Alter von sechs bis zehn Monaten hilfsbereite Menschen anderen Personen vorziehen. Die Kleinen können demnach bereits, bevor sie sprechen können, die soziale Fähigkeit einer Person einschätzen. Die Forscher zeigten den Kindern animierte Figuren in verschiedenen Situationen. Sie sahen in allen Tests ein rundes Holzstückchen mit lustigen aufgeklebten Augen, das anscheinend versuchte, einen Hügel hinaufzugelangen. Nach mehreren vergeblichen Versuchen erschien zusätzlich entweder eine dreieckige Figur, die dem erfolglosen Kletterer half, oder eine viereckige Gestalt, die ihn wieder vom

Hügel herunter schubste. In einigen der Versuche tauchte zudem eine weitere Figur auf, die sich aus dem Geschehen vollkommen heraushielt. Dabei beobachteten die Wissenschaftler, nach welchem Holzstückchen die Kinder griffen und welches sie ignorierten. Die Auswertung zeigte: Alle sechs Monate alten Kinder und 14 der 16 zehn Monate alten bevorzugten die helfende Figur, sowohl im Vergleich zu der neutralen als auch zu der störenden. Bei der Wahl zwischen der neutralen und der gemeinen Figur tendierten die Kinder fast immer zu der unbeteiligten Gestalt. Die älteren Kinder erwarteten zudem, dass der Kletterer sich von der viereckigen Figur fernhielt und sich eher zu der dreieckigen hin orientierte, eine Haltung, die die jüngeren Probanden noch nicht zeigten. Zwischen Individuen mit guten und solchen mit bösen Absichten unterscheiden zu können, halten die Forscher für die Basis, auf der sich später moralische Wertesysteme mit komplexeren Vorstellungen von Gut und Böse entwickeln. Dafür spricht vor allem, dass die Beurteilungen ausschließlich auf Beobachtungen gründen und nicht davon abhängen, dass die Kinder selbst eine positive oder negative Erfahrung gemacht haben. Die Rolle von Erwachsenen in ihrem Vorbildverhalten bekommt dadurch eine sehr große Bedeutung.. Was Kinder in diesen frühen Lebensabschnitten immer wieder sehen und wahrnehmen, ist die Basis, auf der sich ihr soziales Verhalten entwickelt.

Die innere Einstellung von Erwachsenen und ihr Umgang miteinander spielen eine wesentliche und bedeutende Rolle bei der Entwicklung einer guten und stabilen Bindung. Eine liebevolle Einstellung voll Güte, Aufmerksamkeit und Langmut gibt dem Kind ein Gefühl der Sicherheit, wodurch all seine Kräfte frei sind, das Umfeld und die darin tätigen Personen neugierig und aufmerksam zu untersuchen. Eine stabile und zuverlässige Bindung ist deshalb die wichtigste Voraussetzung, damit das Kind sich in den ersten drei Jahren optimal selbst bilden kann.

Bindung ist die Bezeichnung für eine enge emotionale Beziehung zwischen Menschen. Das Neugeborene entwickelt eine spezielle Beziehung zu seinen Eltern, insbesondere zur Mutter oder anderen relevanten Bezugspersonen, zum Beispiel Großeltern und Erzieher/innen. Die Bindung veranlasst das Kleinkind, im Falle tatsächlich vorhandener oder empfundener Gefahr, Bedrohung, Angst oder Schmerz, bei seinen Bezugspersonen Schutz und Beruhigung zu suchen.

Bindungspersonen sind die Menschen, mit welchen das Kind den intensivsten Kontakt in seinen ersten Lebensmonaten hatte. Ein Säugling entwickelt im Laufe des ersten Lebensjahres eine emotionale Bindung zu einer Hauptbindungsperson, das ist meist die Mutter, doch das kann auch der Vater oder eine andere Person sein. Dass das Kind diese Person zu seiner Hauptbindungsperson macht, hat mit der stetigen und zuverlässigen Anwesenheit dieser Person zu tun. Wenn ein/e Erzieher/in mit einem sehr kleinen Kind während seiner Wachzeiten viele Stunden des Tages zusammen ist, so ergibt sich oft schon durch die Länge der Zeit und die Regelmäßigkeit, mit der sie für das Kind da ist, eine intensive Bindung. Die Bindung zu einem Kleinkind sollte von ihm als sicher und stabil erlebt werden. Bindungstheorie beschreibt in der Psychologie das Bedürfnis des Menschen, eine enge und von intensiven Gefühlen geprägte Beziehung zu Mitmenschen aufzubauen. Sie wurde von dem britischen Kinderpsychiater John Bowlby und der kanadischen Psychologin Mary Ainsworth entwickelt.

Ihr Gegenstand ist der Aufbau und die Veränderung enger Beziehungen im Laufe des Lebens. Sie geht von dem Modell der Bindung der frühen Mutter-Kind-Beziehung aus.

Erzieher/innen können für eine sichere und stabile Bindung
- den Umgang mit den Eltern als erster Bindungsperson verbindlich und vertrauensvoll gestalten,
- die Reaktionen des Kindes auf sich selbst als neue Bezugsperson ernst nehmen,
- dem Kind Zuverlässigkeit und Ruhe geben,
- beobachten ohne zu bewerten,
- durch die Beobachtung gewonnene Erkenntnisse in Angebote an das Kind umsetzen,
- dem Kind je nach seinen Bedürfnissen Nähe, Distanz oder Rückzugsmöglichkeiten anbieten.

Kinder bis zum zweiten Lebensjahr haben noch kein Verständnis für die Länge oder Kürze eines Zeitabschnittes. Sie sind deshalb darauf angewiesen, dass Erwachsene ihnen durch konstante Anwesenheit Sicherheit geben. Verlassen Bezugspersonen den Raum, ist es wichtig, dass das Kind eine Gewissheit behält, dass sie nicht vollständig verschwunden sind. Entweder muss das Kind mitgenommen werden oder der Kontakt durch die Stimme erhalten bleiben, sodass es die Bezugsperson akustisch anwesend weiß. Zuverlässigkeit, Ruhe und körperliche oder stimmliche Verbundenheit sind sehr wichtige Elemente, um einem Kind das Gefühl zu geben, dass es nicht verlassen ist oder wird.
Der Gesichtsausdruck, die Stimme und die Körperhaltung signalisieren dem Kind, ob es sicher und geborgen ist. Hektik, Nervosität und Unausgeglichenheit kann das Kind am Gesicht, der Stimme und den Bewegungen seiner Bezugsperson wahrnehmen. So spiegeln sich alle Emotionen, die Erwachsene mit sich herumtragen, bei dem Kind wider. Deshalb sollten Erzieher/innen stets um Ausgeglichenheit bemüht sein. Sicherheit und Stabilität können sie als Gefühl nur weitergeben, wenn sie sich selbst sicher und stabil fühlen. Persönliche Entspannungsmomente sorgen dafür, dass Entspannung an die Kinder, die betreut, erzogen und gebildet werden, weitergegeben werden kann. Das ist eine gute Grundlage, damit Kinder Sicherheit und Geborgenheit bekommen können.
Sicher gebundene Kinder können entspannt ihrer natürlichen Neugierde und ihrer Motivation, sich ihr Umfeld aneignen zu wollen, nachkommen. Das Bindungsbedürfnis ergänzt das Erkundungsbedürfnis. Wenn das Bindungsbedürfnis befriedigt ist, fühlt der Säugling sich sicher und kann sein Umfeld erkunden. Die Vorgehensweisen bei diesem Lernen sind von Kind zu Kind sehr unterschiedlich. Beobachtet das eine Kind gern, so muss ein anderes alles anfassen, um es sich vertraut zu machen und zu erforschen. In den vergangenen Jahrzehnten hat die Gehirnforschung beeindruckende Zusammenhänge entdeckt, die die frühkindliche Pädagogik seit einigen Jahren revolutionieren. Alle über die Sinnesorgane gemachten Erfahrungen werden in Form bestimmter Vernetzungsmuster der Nervenzellen im Gehirn des Kindes als ein neues Bild verankert. Ob dies ein positives oder negatives Bild ist, hängt ausschließlich an den mit den frühen Lernerfahrungen verknüpften Gefühlen.

Der Säugling und das Kleinkind suchen beharrlich Anlässe zum Experimentieren und zur Erweiterung ihres Handlungswissens. In diesem Sinne ist der Säugling bereits ein Forscher und Wissenschaftler, der weniger nach dem »Warum« als vielmehr nach dem »Wie« fragt. Einfache Abläufe werden immer wieder und wieder durchgeführt, um die Gültigkeit des Resultates zu erfahren.

Wenn ein Kleinkind einen Gegenstand immer wieder hinwirft, um zu sehen, wie jemand den Gegenstand immer wieder aufhebt, dann will es die Gesetzmäßigkeit dieses Vorgangs untersuchen. Diese will es immer wieder auf seine Gültigkeit überprüfen, indem es beobachtet, ob der Gegenstand tatsächlich zurückkommt. So erlangt das Kind Sicherheit für Situationen und Gegebenheiten. Dies ist ein dauerndes Experimentieren mit den Elementen des Umfeldes, ein Untersuchen, ein Auseinandernehmen, ein den Dingen auf den Grund gehen. Die Suche des Kindes nach neuem Wissen ist von Natur aus so stark ausgeprägt, dass das Kind am besten unterstützt wird, wenn seine Eigenmotivation nicht verhindert wird. Angebote an das Kind sollten gegenüber dieser Rücksicht auf die Eigenmotivation immer zweitrangig sein. Wenn dem Kind durch eine wohlwollende, zustimmende Haltung ermöglicht wird, dass es seinem Wissensdurst in einem freien und doch auch geschützten Raum nachgehen kann, ist bereits eine bedeutende Grundlage für sein späteres Lernverhalten gelegt.

Die Säuglingsforschung zeigt, dass Säuglinge und Krabbelkinder kleine Wesen sind, die offen für alle Fragehaltungen, angstfrei, lernmotiviert und natürlich begabt sind; Eigenschaften, die in späteren Lernprozessen allzu leicht verloren gehen. Wenn Erzieher/innen ihre Arbeit als Bindungs- und Bildungsaufgabe verstehen, so werden sie diese Experimentierlust der Kinder ebenfalls mit Freude wahrnehmen und feinfühlig begleiten und unterstützen können.

In einer sicheren und guten Bindung dürfen Fragen an das Leben gestellt werden, können Antworten gemeinsam gefunden werden und im gegenseitigen Respekt voreinander Kompromisse geschlossen werden, die zu guten Lösungen für alle Beteiligten führen.

Eine gute Bildungsbegleitung
- ist bindungsfähig und feinfühlig,
- macht dem Kind das neue Umfeld bekannt,
- gibt dem Kind die nötige und/oder erforderliche Unterstützung,
- begegnet dem Kind gegenüber beobachtend, wahrnehmend und respektvoll,
- kann die Erfordernisse von Nähe und Distanz je nach Situation einschätzen und Kindern eine sichere Basis geben,
- schafft Erfahrungs- und Experimentiergelegenheiten,
- zeigt selbstbewusst und natürlich die eigenen persönlichen Grenzen auf,
- kann gut für die eigene Ausgeglichenheit sorgen,
- lässt das Kind eigene Erfahrungen sammeln,
- plant und gestaltet ihren Tagesablauf nach den Erfordernissen der Kinder.

Gehirn und Spiegelneuronen

Das Gehirn ist das komplexeste Organ des menschlichen Körpers. Schätzungsweise 20 Milliarden Nervenzellen machen es zu einem hochleistungsfähigen Instrument für menschliche Denk- und Entscheidungsprozesse. Jede dieser Nervenzellen ist mit bis zu 10.000 anderen Nervenzellen verbunden, wodurch die Bearbeitung einer Wahrnehmung oder eines Denkprozesses in kürzester Zeit möglich ist. Das Gehirn stellt allerdings wesentlich mehr Nervenzellen bereit, als gebraucht werden. Nicht genutzte Angebote verkümmern. Mit diesem Vorgehen optimiert sich das Gehirn selbst.

Das Gehirn wird durch das geformt, was es wahrnimmt. Dadurch, dass eine Person sich darüber klar wird, was und wie sie wahrnehmen kann, kann sie ihr Gehirn besser »in Form« bringen. Zu wissen, wie man sieht, hört, fühlt, riecht und schmeckt, ermöglicht es, die Zusammenhänge von Wahrnehmung und Lernen zu verstehen und die eigene Wissensaneignung ganzheitlich zu betreiben. Kinder bringen diese Fähigkeit von Anfang an mit. Sie erfassen und verarbeiten komplexe Dinge ganzheitlich, das heißt mit all ihren Sinnen.

Erwachsene verlernen diese Fähigkeit häufig dadurch, dass sie ihre Aufmerksamkeit und Wahrnehmung mit zunehmendem Alter auf für ihren Alltag relevante Bereiche richten. Das macht durchaus Sinn, weil das Gehirn dadurch effizienter in Bezug auf die Alltagserfordernisse arbeiten kann. So ist es sehr hilfreich, Nebengeräusche ausblenden zu können, wenn man in einer Großstadt lebt. Zum Überleben in der Natur werden wiederum andere Wahrnehmungen benötigt. In dieser Weise hat sich das Gehirn eines Erwachsenen dem Bedarf seiner Umgebung angepasst. Für sehr kleine Kinder hat dieser Anpassungsprozess noch nicht vollständig stattgefunden.

Innerhalb der ersten beiden Lebensjahre konstruiert sich das Gehirn selbst weiter zum optimalen Gebrauch in seiner individuellen Umgebung. Ein italienisches Kind zum Beispiel muss keine deutschen Wortketten bilden können, wenn es in seiner Heimat aufwächst. Ein deutsches Kind wiederum braucht keine italienischen Lautketten. Natürlich wäre es schön, wenn man in diesen ersten Jahren alle Zellen erhalten und fördern könnte, die eine spätere Mehrsprachigkeit ermöglichen. Es ist aber aus Sicht des Gehirns keineswegs effizient, etwas auszuprägen, was es nicht regelmäßig anwendet.

Eine natürliche Mehrsprachigkeit, die sich dadurch ergibt, dass im Umfeld des Kindes verschiedene Kulturen zusammenkommen und ihre Muttersprache sprechen, ist für die Entwicklung des Kindes sehr förderlich. Konstruierte Sprachförderkurse für Kinder machen für das Alter von 0 bis 3 Jahren keinen Sinn, da die Sprachen nicht im Alltag angewandt werden. Kinder entwickeln sich in diesen frühen Lebensjahren durch eine stabile und sichere Bindung am besten, Förderstress gilt es zu vermeiden. Alle spielerischen Formen des Spracherwerbs sind für das Kind sehr hilfreich. Für eine gute solide Basis für die spätere sprachliche Entwicklung steht die Entwicklung und Förderung der Muttersprache im Vordergrund. Das ist aus Sicht des Gehirns die effiziente Vorgehensweise und für den späteren Erwerb weiterer Sprachen unbedingt erforderlich.

Spiegelneuronen

Spiegelneuronen sind Nervenzellen im Gehirn, die Gefühle und Stimmungen anderer Menschen widerspiegeln. Das Einmalige an den Nervenzellen ist, dass sie bereits Signale aussenden, wenn jemand eine Handlung nur beobachtet. Die Nervenzellen reagieren genauso, als ob man das Gesehene selbst ausgeführt hätte. 1991 wurden die sogenannten Spielgelnervenzellen von Rizzolatti und Gallese entdeckt. Die Entdeckung begann mit den Neuronen des Gehirns, welche die Handlungen steuern. Diese machen es möglich, dass zielgerichtete Handlungen vom Menschen ausgeführt werden können. Handlungsneurone erkennen und speichern den gesamten Plan einer Handlung und steuern dann die motorisch ausführenden Bewegungsneuronen. Bei der Erforschung dieser Neuronen gelang die sensationelle Entdeckung, dass sowohl bei der aktiven Ausführung als auch bei der Beobachtung der Handlung die selben Gehirnregionen aktiviert werden. Dieses Resonanzphänomen ließ sich auf Neuronen zurückführen, die sowohl bei Eigenaktivität als auch bei Beobachtung aktiv wurden, die sogenannten Spiegelneuronen. Diese machen den Menschen zu mitfühlenden Wesen. Beobachtet man, dass sich jemand verletzt, erlebt man selbst ein Unbehagen und kann nachempfinden, wie sich der Schmerz anfühlt.

Erzieher/innen sind für den Betreuungszeitraum das Vorbild für die ihnen anvertrauten Kinder. Sie sind wie ein Arbeitsmodell, welches vom Kind imitiert wird. Je öfter sie etwas tun, je regelmäßiger etwas geschieht, desto eher wird dieses Verhalten oder die Situation vom Kind als selbstverständlich und normal verstanden. Das funktioniert über die Spiegelneuronen im Gehirn. Kinder lernen durch Imitieren. Erst wenn sie älter und sich ihrer Wirkung bewusster werden, üben sie Varianten zum Vertrauten.

Wenn ein Kleinkind gefüttert wird und es den Mund dafür öffnen soll, neigen viele Erwachsene dazu, selber den Mund zu öffnen. Das Ergebnis ist immer wieder verblüffend, denn die Kinder öffnen in den meisten Fällen ebenfalls den Mund. Das ist die unmittelbare Wirkung der Spiegelneuronen. Durch die Wirkung der Spiegelneuronen kommt Erwachsenen als Vorbild für Kinder eine sehr große Bedeutung zu. Bei Kindern unter Drei helfen die Spiegelneuronen, etwas beim Kind zu bewirken. Aber auch bei den Spiegelneuronen im Gehirn der Erzieher/innen passiert etwas, wenn diese mit einem Kleinkind kommunizieren, sodass sie sich ohne lange nachzudenken an die Art und Weise, wie ein Kind mit ihnen in Kontakt tritt, anpassen. Es ist interessant zu beobachten, wie verschiedene Kinder reagieren.

Erziehung von Kindern sollte immer zum Ziel haben, dass diese sich später besser in der Welt zurechtfinden. Sie wachsen in eine Welt hinein, die heute noch nicht bekannt ist. Erzieher/innen sollten bei all ihren Entscheidungen Kinder immer mit dem nötigen Respekt behandeln, denn auch hierin sind sie das Arbeitsmodell für Kinder. Respekt von Kindern erwächst aus dem vorgelebten Respekt und wird für ein Kind auf diese Weise schon früh eine bekannte und vertraute Verhaltensweise.

Gedächtnisstruktur

Regelmäßig erlebte Vorgehensweisen bilden auch nachhaltig die Gedächtnisstruktur. Je mehr Erfahrungen ein Kind machen kann, desto stärker verschaltet sich sein Gehirn. So optimiert sich das Gehirn selbst. Erfahrungen, die sich wiederholen werden abgespeichert. Dabei finden sehr unterschiedliche Gedächtnisprozesse statt. Informationen werden aufgenommen, eingespeichert, verfestigt, abspeichert und wieder abgerufen. Nur verfestigte Informationen, die das Gehirn aufgrund der häufigen Wiederholung als wichtig definiert, können auch abgespeichert werden und landen dadurch im Langzeitgedächtnis. Informationen, die im Kurzzeitgedächtnis verbleiben und nicht verfestigt werden, verschwinden sehr schnell wieder. So baut sich das Gehirn eine Wissensdatenbank auf, die man mit dem Wort »Gedächtnis« beschreibt. Die Struktur des Gedächtnissystems ist bereits bei Säuglingen vorhanden. Das Gedächtnis des Säuglings kann auf unterschiedliche Weise Dinge und Vorkommnisse abspeichern.

Ein Kind bewegt seinen Arm oder öffnet seine Hand und verschließt sie wieder. Es kann das unendliche Male wiederholen. Diese Informationen gehen in den Gedächtnisspeicher, wo alle motorischen Fähigkeiten und Routinehandlungen gespeichert werden, um die man sich meistens nicht mehr kümmern muss.

Eine weitere Gedächtnisleistung des Gehirns ist die Wiedererkennung. Das Kind sieht beispielsweise einen Baum, speichert dieses Bild ab und erkennt den Baum später wieder. Es ist eine Wiedererkennungsleistung von zuvor Wahrgenommenem. Kinder erstaunen ihr Umfeld diesbezüglich oft mit Dingen, die sie entdecken, die Erwachsenen gar nicht mehr auffallen. Während diesen zum Beispiel der Regenwurm für ihren Alltagsprozess nicht wichtig sein muss, fällt er einem Kind auf, weil es noch keine Alltagsprioritäten gesetzt hat.

Das Gehirn speichert Dinge und Wahrnehmungen auch nach Eigenschaften ab. Dafür gibt es einen eigenen Gedächtnisteil. So kann es sein, dass man die Bezeichnung von etwas nicht weiß, aber durchaus die Eigenschaften kennt und es richtig zuordnen kann. Eine Eiche kann beispielsweise als Baum identifiziert werden, obwohl die Baumart bisher unbekannt war.

Das Wissensgedächtnis wiederum speichert allgemein Fakten und Wissen, welches ohne Zusammenhang abgespeichert und abgerufen werden kann. Dass zum Beispiel die Oma in Koblenz wohnt, ist ein Wissen, welches ein Kind haben kann, ohne dort gewesen zu sein.

In das episodische Gedächtnis werden Dinge mit Raum- und Zeitbezug und emotionaler Färbung abgelegt. Das bewusste Erinnern an ein Ereignis, welches als emotional wertvoll oder beängstigend erlebt wurde, wird hier abgelegt und abgerufen. Den Raum-Zeit-Bezug können Kinder meist erst zwischen dem zweiten und dritten Lebensjahr entwickeln, weil sich erst mit der Ichfindung das Selbstbewusstsein ausbildet, welches für diese Form der Gedächtnisleistung nötig ist.

Für die Jahre der frühen Kindheit sind die ersten drei Gedächtnisbereiche wichtig. Sie werden unbewusst gebildet. Alles, was dort abgelegt wird, bildet eine gute Grundlage, um später das Wissensgedächtnis und das episodische Gedächtnis, welche bewusst gebildet werden, zu füttern.

Bewegung spielt in den ersten drei Jahren eine sehr wichtige Rolle zur Entwicklung des Gehirns und der Gedächtnissysteme. Durch Bewegung kommt es zu Verschaltungen im Gehirn. Diese werden in dem Gedächtnisbereich, welcher für Bewegungsabläufe zuständig ist, abgelegt. Sobald dies geschehen ist, können diese Bewegungsmuster und Fähigkeiten zu Routinetätigkeiten werden, die keines großen Nachdenkens mehr bedürfen. Zudem entwickelt sich der Muskeltonus des Kindes, die Beweglichkeit verbessert sich und führt zu mehr neuen Erfahrungen, die dann wieder das Gehirn prägen. Die Sauerstoffzufuhr, die durch mehr Bewegung erhöht wird, wirkt sich ebenfalls positiv auf das Gehirn aus. Bewegung an frischer Luft schafft ein optimales Zusammenspiel für Anregung, Gedächtnisbildung und Gesundheitsförderung.

Erfahrungen formen das Gehirn

Die persönlichen Erfahrungen formen das Gehirn. Und Erfahrungen, die ein Mensch immer wieder macht, führen zu festen Verschaltungen zwischen Nervenzellen und ermöglichen den individuellen Ausbau des Gehirns. Es ist jedoch ein Unterschied, ob etwas faktisch aufgenommen wird oder möglichst viele Sinne bei der Wahrnehmung beteiligt waren. Wissen, das über sinnliche Wahrnehmungen im Gehirn verankert wird, hat eine längere Verweildauer im Gehirn als die reine Aufnahme von Kenntnissen. In welchen räumlichen und atmosphärischen Zusammenhängen Lernen und die Aneignung von Welt stattfindet, ist deshalb sehr wichtig. Für die Bildungsbegleitung von sehr kleinen Kindern ist dieses Wissen eine bedeutende Grundlage, um eine spätere eigenständige und aktive Wissensaneignung gut vorzubereiten.

Die ersten Erfahrungen des Menschen sind Körpererfahrungen. Daran knüpfen alle weiteren Gehirnentwicklungen an. Deshalb ist ein Wahrnehmen mit allen Sinnen für das Gehirn auch so nützlich und fördert dessen Ausbau, denn sinnliches Erkennen bezieht sich zu einem Teil stets auf den Körper. Damit Kinder Erfahrungen sinnvoll verarbeiten und abspeichern können, brauchen sie eine gute Mischung aus Geborgenheit und Herausforderung. Wo beides ausgewogen vorhanden ist, fühlt sich ein Kind geschützt und gut. Es hat auch beim Lernen und Entdecken gute Gefühle. Und genau darauf kommt es an, damit es von einer sicheren Basis aus seine Lust zum Entdecken, Gestalten und Lernen ausleben kann.

Geborgenheit und angemessene Herausforderungen zu entbehren, bedeutet dagegen für ein Kind einen Mangel, den es ausgleichen möchte. Das geschieht dann häufig durch auffälliges Verhalten, aber genauso häufig durch scheinbar unauffälliges Verhalten, bei dem sich das Kind in sich selber verschließt und keinen mehr an sich heranlassen möchte. Die beste Voraussetzungen für die Entfaltung der individuellen Möglichkeiten, die ein Kind hat, ist also eine geborgene, sichere Atmosphäre und eine dem Alter des Kindes angemessene Portion an Herausforderungen, die es möglichst eigenständig bewältigen kann. Dass diese Zusammenhänge heute so widerspruchsfrei auf dem Tisch liegen, ist eine der großen Leistungen der Hirnforschung in den vergangenen Jahren.

Kinder zu stärken, heißt deshalb das vorrangige Ziel, dem sich jeder, der mit Kindern lebt oder zu tun hat, widmen sollte. Denn es ist die Überzeugung von der eigenen Selbstwirksamkeit, die dazu beiträgt, in einer bestimmten Situation die angemessene Leistung zu erbringen. Kinder, die ein starkes Vertrauen in die eigene Kompetenz und Effizienz haben, sind sehr ausdauernd bei der Bewältigung von Aufgaben und weniger ängstlich.

Das Empfinden von Kindern unter drei Jahren ist noch wenig erforscht, doch nimmt sich die Wissenschaft zunehmend des Themas an und stellt fest, dass die ersten Jahre im Leben eines Menschen von elementarer Bedeutung für seine Persönlichkeits-, seine Gehirnentwicklung und seine sozialen Beziehungen sind.

Wer mit aufmerksamen Blicken und unter Zuhilfenahme seiner intuitiven Fähigkeiten das Beziehungsverhalten von Säuglingen beobachtet, spürt sehr schnell die Bedeutung dieser frühen Entwicklungsphase. Die spontane Mimik, Gestik, Lautäußerung und das Sozialverhalten zeigen sehr offen das Innerste des menschlichen Gefühlslebens. Die entspannte und vorurteilsfreie Annahme des Kindes gibt ihm die Möglichkeit, sich selbstbildend zu entwickeln.

Die Entwicklung der Persönlichkeit in der frühkindlichen Phase geschieht in fünf Schritten: der Bindung, der Loslösung, der Selbstentfaltung, der Sozialisation und der Ausbildung von Gewissen und Vernunft. Wenn es Kindern innerhalb dieser Phasen, die sie durchlaufen, gelingt, ihre Erfahrungen in die eigene Persönlichkeit zu integrieren, dann sind sie durch Wahrnehmung, Empfinden und Verarbeitung zu einer ganzheitlichen Erfahrung von Welt gekommen.

Kinder brauchen
- eine sichere und zuverlässige Bezugsperson;
- eine kindgerechte Atmosphäre;
- eine natürliche Bildungsumgebung;
- eine entspannte und sichere Form, um sich selbst zu bilden;
- angemessene, zu bewältigenden Herausforderungen, an denen sie wachsen können.

Erzieher/innen erobern sich mit dem Kind die Welt neu und unterstützen die Selbstbildungsprozesse des Kindes durch Rituale und Tagesrhythmen. Rituale des Ankommens und Weggehens, feste und sichere Ess- und Schlafrhythmen sind für das Empfinden von Sicherheit und Stabilität wichtig. Von einer solchen sicheren Position aus kann das Kind dann selbstbewusst seine Erkundungen starten in dem Vertrauen, dass es zu der sicheren Basis jederzeit zurückkehren kann.

Das Bild vom Kind

Bei dem Versuch, die innere Entwicklung eines Kindes zu verstehen, können die Erkenntnisse der Säuglings-, Bindungs- und Hirnforschung genutzt werden. Das »Bild vom Kind« hat sich zum Ende des letzten Jahrtausends sehr stark verändert. Dass die

Emotionen für die Entwicklung des Menschen eine entscheidende Rolle spielen, hatte bereits die Entwicklungspsychologie herausgefunden. Die Hirnforschung hat diese Erkenntnisse bestätigt. Emotionen entscheiden darüber, ob sich das Motivationssystem eines Menschen gut entwickeln kann. Eltern, Erzieher/innen oder Lehrkräfte sind gefragt, ihr Bild vom Kind zu überprüfen und gegebenenfalls zu korrigieren. Die Fachberatung für die Kindertageseinrichtungen kann ihnen bei diesem Prozess fachlich und beratend helfen.

Es ist von zentraler Bedeutung, dass die Erziehungspersonen der ersten Lebensjahre den Kindern gegenüber emotional besonders achtsam sind, denn es ist entscheidend, ob Erzieher/innen den Kindern dieses beruhigende Gefühl von Geborgenheit auch wirklich geben können. Emotionale Achtsamkeit und Empathie sind wichtige Eigenschaften, die Erwachsene für den Umgang mit kleinen Kindern mitbringen oder entwickeln sollten. Wie dieses »neue Bild vom Kind« in der Praxis umgesetzt wird, zeigt sich in den Alltagsroutinen einer Kindertageseinrichtung. Kinder sind von Geburt an mit Kompetenzen und Fähigkeiten ausgestattet. Sie verfügen über Möglichkeiten, ihre Entwicklung selbst zu steuern, den aktiven Part im alltäglichen Tun zu übernehmen. Kinder nehmen aus eigenem Antrieb Kontakt mit ihrer Umwelt auf und beenden ihn von sich aus, wenn sie sich überfordert fühlen. Sie reagieren aktiv auf eine anregende Umgebung. Den Kindern wird zugetraut, Verantwortung für ihr Wohlbefinden und ihre Zufriedenheit zu übernehmen. Sie sind bereits von Geburt an fähig zur Selbstbestimmung. Dafür brauchen Kinder eine bewusst gestaltete Umgebung und zugewandte Erwachsene, die ihnen vielfältige Möglichkeiten und Anreize zur Selbstentfaltung und altersgemäße Entscheidungsfreiheit bieten. Kinder müssen ihre Neugierde bewahren und bereit sein, ihr Wissen ständig zu erneuern und dazu zu lernen. Sie brauchen dafür eine Atmosphäre, in der sie sich ausprobieren können, experimentieren, neugierig sein, Fragen stellen, Fehler machen, wütend und traurig, sowie fröhlich und nachdenklich oder ängstlich sein dürfen.

Ein Kind kann nicht gebildet werden. Es bildet sich selbst. Durch seine individuellen Motive, seine Bedürfnisse untersucht es die Welt in den Themen, die sich ihm in den jeweiligen Entwicklungsfenstern anbieten. Sie können das Kind in diesem Selbstbildungsprozess vielfach unterstützen.

Kinder sind von Anfang an
- Akteure ihrer eigenen Entwicklung,
- wissbegierig und bereit etwas zu lernen,
- daran interessiert, dazu zu gehören und mitzumachen,
- Forscher ihres Umfeldes, die alles begreifen wollen,
- schöpferisch tätig und offen für neue Erfahrungen,
- bereit, sich sprachlich zu äußern und eigenständig tätig zu werden.

Um diese Fähigkeiten zu erhalten müssen Erzieher/innen aufmerksam und authentisch sein. Kleine Kinder haben Wahrnehmungsantennen, die es ihnen ermöglichen festzustellen, ob ihr Gegenüber das meint, was es vorgibt, oder nicht. Authentisch zu sein, ist deshalb eine wichtige Voraussetzung um sowohl für das Kind keine Widersprüche zu erzeugen wie auch sich selbst wohlzufühlen. Authentisch bedeutet wahr, echt, original. Wenn also beispielsweise jemand gar nicht gern singt, es aber aus »Bildungsgründen« doch macht, wird ihr unterdrückter Widerwillen von den feinen Wahrnehmungsantennen des Kindes aufgenommen. Sie vermittelt dann nicht nur Musik, sondern auch den unterdrückten Widerwillen gegenüber der Musik. Was immer im frühkindlichen Bereich angeboten wird, sollte gerade dem Erwachsenen Spaß machen, um die Freude kindgerecht mitzuteilen. Es wird dadurch nicht nur eine Sache, sondern besonders die Freude an der Sache vermittelt.

Für den Dialog mit Säuglingen und Kleinkindern brauchen Erzieher/innen
- Zeit,
- Augenkontakt,
- Zuwendung,
- Feinfühligkeit,
- Wahrnehmungsfähigkeit,
- Geduld,
- unbefangenes Zuhören,
- eine gute Aussprache,
- authentisches Verhalten,
- altersgemäße Angebote,
- Selbstreflexion,
- eine bekannte und verlässliche Struktur.

Sich mit dem eigenen Bild vom Kind und dem eigenen professionellen Selbstverständnis hinsichtlich der Strukturierung von Bildungsprozessen kritisch auseinandersetzen, gehört zu den Basiskompetenzen für Erzieher/innen.

Stressfrei die Lernmotivation erhalten

2002 hat die Weltgesundheitsorganisation (World Health Organization, WHO) prognostiziert, dass depressive Störungen bis zum Jahr 2020 die größte Krankheitslast in Industrieländern darstellen werden. Im deutschen Gesundheitswesen sind die Krankheitskosten für psychische Erkrankungen und Verhaltensstörungen im Jahr 2006 auf 26,7 Milliarden Euro angestiegen. Wie das Statistische Bundesamt mitteilt, waren die Kosten damit um 3,3 Milliarden Euro höher als bei ihrer erstmaligen Berechnung im Jahr 2002. Verglichen mit allen anderen Krankheiten war es der höchste Anstieg in diesem Zeitraum.

Der 2008 verabschiedete »Europäische Pakt für psychische Gesundheit und Wohlbefinden« sieht die Verantwortung für die gesellschaftliche Gesundheit als staatliche Aufgabe. Dabei ist die Erhaltung der Gesundheit nicht nur als Nahziel interessant, sondern eine langfristige Investition in eine motivierte, leistungsbereite und -fähige Gesellschaft.

Menschen lernen besser und nachhaltiger, wenn sie im sogenannten Flow-Zustand sind. Das Gehirn ist dann besonders aufnahmefähig, und das Lernen geschieht nicht mit Anstrengung, sondern spielerisch. Kinder unter drei Jahren zeigen, wie das geht. Zuschauen und sich auf den Bildungsprozess einlassen, den Kinder uns vormachen, hilft diesen Flow-Zustand spielerisch zu entdecken.

> Flow kommt aus dem Englischen und heißt übersetzt »rinnen«, »strömen« oder »fließen«. Der Flow-Zustand bezeichnet ein Gefühl des völligen Aufgehens in einer Tätigkeit. Flow findet statt, wenn Sie unbedingt für eine Sache tätig werden wollen und sich Konzentration und Freude daran wie von selbst einstellen.

Wer den Flow-Zustand schon einmal erlebt hat, weiß, dass er sich von ganz allein und scheinbar absichtslos einstellt. Durch Entspannungsübungen kann man diesen Zustand bewusst einnehmen. Dazu bedarf es ein wenig Übung; man muss trainieren, Probleme loszulassen. Der Zustand stellt sich dann sehr leicht ein.

Abgesehen von den üblichen Pausen helfen bewusste Entspannungsphasen, Erholung und Abstand zu anstrengenden Alltagssituationen zu gewinnen. Dabei können sich das Gehirn und der gesamte Körper entspannen.

Entspannung kann sehr unterschiedlich erfahren werden. Während sich der eine beim Spazierengehen entspannt, gelingt es dem anderen eher beim Musikhören oder in der Bewegung. Es gibt für jeden Typus und jede Situation eine Reihe von Techniken. Für alle gilt: Wenn sich ein/e Erzieher/in entspannt, vermittelt sie den Kindern sehr deutlich, dass Entspannung eine Tätigkeit wie Schlafen, Essen oder Trinken im Alltag sein kann. Damit wird ein wichtiges Werkzeug für die Gesunderhaltung vermittelt.

Kinder und Erwachsene brauchen eine ausgewogene Mischung aus Entspannung und Anspannung, um sich wohl zu fühlen. Die Mischung kann sehr unterschiedlich sein. Bei sehr kleinen Kindern, die noch viel Schlaf brauchen, bietet es sich an, dass auch Erzieher/innen die Ruhezeiten der Kinder für sich nutzen, um eine Pause einzulegen, auszuruhen oder gezielt Entspannungstechniken anzuwenden. Viele erledigen in der Mittagszeit, wenn die Kinder schlafen, schnell die Dinge, die sie mit Kindern nur schwer oder umständlich erledigen können. Das ist zum einen für sie ein Arbeiten ohne Pause, zum anderen vermitteln sie den Kindern damit, dass »große Menschen« nicht schlafen oder ausruhen müssen. Außerdem nehmen Erwachsene den Kindern mit einem solchen Verhalten die Chance, mitzuerleben, wie sie sich in problematischen Alltagssituationen verhalten. Gemeinsam auf Probleme zu schauen, die nicht schnell zu lösen sind, fordert das Denken heraus. Kinder müssen lernen, dass nicht alles immer sofort erledigt werden kann und dass manche Dinge Zeit brauchen. Gerade heute bezeichnen viele Menschen ihren Alltag als stressig, klagen über zu viele Termine und Pflichten. Meistens liegt es daran, dass sie sich unrealistische Ziele setzen und nicht erfüllbaren Zeitplänen folgen.

Hans Selye, der Pionier der Stressforschung, hat 1950 Stress als Reaktion des Körpers auf innere oder äußere Belastungen definiert.

Stress kann auch eine motivierende und leistungssteigernde Wirkung haben, die durchaus positiv empfunden wird. Mit einem permanenten Gefühl von Stress zu leben führt jedoch zu Gesundheitsproblemen. Ein angemessener Wechsel von Anspannung und Entspannung ist für die körperliche und geistige Gesundheit das Beste. Wie dieser Wechsel in Ihrem Alltag aussieht und wie oft er stattfinden soll, können Sie nur für sich selbst herausfinden. Hier ist Feinfühligkeit gegenüber der eigenen Person wie auch gegenüber den Kindern gefragt.

Feinfühliges Verhalten einer Bezugsperson besteht darin, dass diese in der Lage ist, die Signale des Kindes wahrzunehmen und angemessen darauf zu reagieren. Feinfühligkeit ist nicht angeboren, sondern wird erlernt.

Gemeinsam die Welt erforschen

Eltern, die Kenner ihres Kindes, das Kind und die Erzieher/innen als weitere Bezugsperson bilden ein Bildungsdreieck, in dem sich alle optimal entwickeln, bilden und das Leben aus drei verschiedenen Gesichtswinkeln erforschen können. In der Bildungspartnerschaft, die zwischen Erzieher/in und den Eltern entsteht, tauschen sie sich über ihre jeweiligen Bildungsvorstellungen aus und kooperieren zum Wohle des Kindes. Im Gegenzug stellt das Kind immer wieder neue Herausforderungen oder auch Aufgaben an Erzieher/innen, die diese wiederum am leichtesten und erfolgreichsten mit den Eltern zusammen lösen. Bei einer partnerschaftlichen Zusammenarbeit findet das Kind ideale Entwicklungsbedingungen vor: Es erlebt, dass die Erwachsenen eine positive Grundhaltung zueinander haben und dass beide Seiten gleichermaßen an seinem Wohl interessiert sind.

Wenn die Erzieher/innen Eltern einladen, sich an speziellen Festen oder Ereignissen innerhalb der Kindertageseinrichtung zu beteiligen, können diese ihr Wissen und ihre Kompetenzen mit einbringen. So können Themen und Vorlieben, die zu Hause bei den Eltern wichtig sind, aufgegriffen und in den Alltag der Kindertageseinrichtung eingebracht oder Anregungen aus der Kindertageseinrichtung zu Hause bei den Eltern aufgegriffen und vertieft werden. Ein Lied zum Beispiel, welches das Kind tagsüber kennengelernt hat und das zu Hause bei den Eltern noch mal gesummt oder gesungen wird, wirkt ganz besonders intensiv, wenn die Eltern nachfragen, was das für ein Lied sei und ihre eigenen Erinnerungen an das Lied mit einbringen. Für Kinder wird hier die Kontinuität und der Austausch zwischen den Erwachsenen greifbar. Das gibt ihm Sicherheit. Wenn das Lied sich auf dem Weg verändert, weil etwa bestimmte Stellen höher oder tiefer gesungen werden, wird gleichzeitig auch eine Vielfalt von scheinbar Gleichem sichtbar. Das Lied lässt sich auch anders singen und bleibt trotzdem dasselbe Lied.

Wenn Erzieher/innen und Eltern sich gemeinsam mit dem Kind an dem Bildungsprozess beteiligen, bringen alle verschiedene Möglichkeiten für einen Bildungsprozess ein. Das ist spannend und wirkt sich auf die kognitive Entwicklung und Lernmotivation des Kindes vorteilhaft aus.

Bildungsvereinbarung: Orientierung und Anregung

Ein unbefangener Umgang mit den Eltern erleichtert ein Gespräch über die Vorstellungen von Bildung und den Erfordernissen von Bildungsplänen. Erzieher/innen und Eltern können auch eine Bildungsvereinbarung miteinander abschließen. Diese sollte nicht als Einengung verstanden werden. Sie dient dazu das festzuschreiben, was ohnehin in Absprache miteinander für den Bildungsprozess des Kindes unternommen wird. In eine solche Vereinbarung kommt nicht hinein, dass Erzieher/innen am Ende der Betreuung den Eltern einen garantierten »Einstein« oder »Zweistein« übergeben. Vielmehr geht es darum, dass man sich gegenseitig verpflichtet, die Bildungsbegleitung für bestimmte Bereiche miteinander abzusprechen und zu gestalten. Sinn und Zweck einer solchen Vereinbarung ist es, sich gegenseitig im Namen des Kindes auf ein Grundverständnis von Bildungsbegleitung zu verständigen. Gleichzeitig können Dritte sehen, wie Bildungspläne ganz praktisch umgesetzt werden.

Mit einer schriftlichen Bildungsvereinbarung kann ein/e Erzieher/in
- zum gut abgestimmten Bildungsbegleiter für das Kind werden,
- eine bewusste Bildungspartnerschaft mit den Eltern eingehen,
- die tägliche Arbeit transparent und für die Eltern nachvollziehbar machen,
- die eigene Rolle als Fachkraft im frühkindlichen Bildungsbereich festigen,
- die Kompetenz der Eltern, denen durch die Vereinbarung die Wichtigkeit dieser ersten drei Lebensjahre ihres Kindes deutlich wird, stärken,
- den Eltern das Bildungsanliegen für das Kind verständlich machen,
- den Kooperationspartnern das professionelle Handeln deutlich machen.

Die Vereinbarung ersetzt nicht die regelmäßigen Gespräche mit den Eltern, in denen man sich miteinander im Alltag über außergewöhnliche Vorkommnisse, den Tagesablauf, konkrete Bildungssituationen, unterstützende Angebote, den Entwicklungsstand des Kindes, die Gestaltung von Übergängen, die Erfordernisse einer besonderen Förderung und die Möglichkeit gemeinsamer Unternehmungen abstimmt.

Das Ziel von Bildungsvereinbarungen für den frühkindlichen Bereich sollte es nicht sein, den Kindern mehr bieten zu wollen, sondern vielmehr eine stabile und sichere Entwicklungsbasis zu schaffen, von der aus Kinder im weiteren Verlauf ihres Lebens gern und aufgeschlossen lernen. Die Kindertageseinrichtung wird dadurch zur ersten Stufe eines Bildungssystems, welches sich in der Umstrukturierung befindet und erhält eine deutliche Aufwertung ihres Arbeitsbereiches.

Wenn Erzieher/innen mit dem jeweiligen Bildungsplan ihres Landes arbeiten, sind sie für das Kind und die Eltern eine kompetente Fachkraft, die das Kind in seinem Selbstbildungsprozess durch die ersten wichtigen Jahre seines Lebens begleitet.

Als Bildungsbegleiter/in können Erzieher/innen
- Kindern eine gute Entwicklungs- und Lernchance geben,
- die Persönlichkeit von Kindern stärken,
- die Eigenständigkeit und Kompetenzentwicklung von Kindern unterstützen,
- die Kreativität und Entdeckerlust der Kinder fördern,
- mit den Eltern zusammen eine gute Grundlage für die spätere Bildungsbiographie des Kindes legen,
- die Erkenntnisse internationaler Studien für den frühkindlichen Bereich in die Praxis umsetzen.

Die Fachberatung für Kindertageseinrichtungen kann durch in diesem Bereich gut gebildete Multiplikator/innen neu entwickelte Bildungsansätze leichter und schneller in die Praxis umsetzen. Verpflichtende Programme sind da nicht so hilfreich wie Anregungen und Ideen-Pools für eine praxisorientierte Vorgehensweise im Alltag. Eine Vernetzung, die in einer offenen unbefangenen Atmosphäre des gegenseitigen Austausches Alltagsherausforderungen behandelbar macht, ist sehr hilfreich. Wenn eine solche Gruppe sich zudem selbst Ziele und Themen stellt, um sich miteinander weiterzuentwickeln, dann bietet das eine gute Chance zu einer Bildungskooperation, die das Kind und nicht die Pläne für Bildung in den Mittelpunkt der Betrachtung stellt.

Beobachtung und Dokumentation

Das Thema »Bildungspläne für den frühkindlichen Bereich« ist eng verbunden mit Beobachtung und Dokumentation. Wahrnehmendes, entdeckendes Beobachten bedeutet, als Beobachter mit in das Geschehen einzutauchen und empathisch mit dabei zu sein. Um empathisch zu sein, muss man sich als Teil der zwischenmenschlichen Beziehungen selbst wahrnehmen können. Wahrnehmen geschieht über alle Sinne. Je mehr und genauer Erzieher/innen wahrnehmen und diese Wahrnehmung dem Kind gegenüber kommunizieren, desto leichter fällt es auch einem Kind, seine Wahrnehmung zu entwickeln. Für viele Erzieher/innen ist das Beobachten selbstverständlich, die Dokumentation aber anfangs oft ein leidiges Thema. Sobald jedoch der Nutzen einer Dokumentation deutlich wird, können gleich mehrere Vorteile entdeckt werden.

Eine Dokumentation
- verfeinert die Wahrnehmung für die Entwicklungsschritte des Kindes,
- lässt die tägliche Mühe um Bildungsförderung nicht einfach im Alltag untergehen,
- macht Ihre Arbeit als Bildungsbegleiter/in transparent und dadurch auch bekannt,

- bietet die Gelegenheit zu einer schönen Übergabe der Dokumentation, wenn das Kind die Kindertagesstätte verlässt,
- zeigt die professionelle Vorgehensweise.

Missverstanden wird die Dokumentation, wenn sie als ein reines Ausfüllen von Beobachtungsbögen verstanden wird. Ziel einer beobachtenden Wahrnehmung des Kindes ist es, dessen Möglichkeiten und die individuelle Vielfalt seiner Handlungen, Vorstellungen, Ideen, Werke und Problemlösungen zu erkunden, um die aktuell anstehende Lernaufgabe, die sich das Kind selbst stellt, zu erkennen und zu verstehen. Die Haltung, mit der beobachtet wird, spielt hier eine große Rolle. Beobachten, um pflichtschuldig Formulare zu füllen, ist nicht sinnvoll. Die Formulare sind nur hilfreich, wenn sie helfen, den Selbstbildungsprozess des Kindes zu erkennen und zu unterstützen. Die beobachtende Person steht nicht außerhalb der Beobachtung und Dokumentation, sie ist Teil des Geschehens.

Da Beobachtungen sich sehr schnell verflüchtigen, wenn sie nicht festgehalten werden, hat die Dokumentation etwas mit der Beschreibung, wie etwas ist, und mit Alltagsprozessen und Vorgehensweisen zu tun. Sie ist kein Prüfbericht über Kinder. Eine Dokumentation ist vielmehr eine Auflistung der anstehenden Entwicklungsfenster. Wenn dokumentiert wird, wird beschrieben, wann welche Entwicklungsfenster erreicht wurden und welche Angebote das Kind in seinem aktuellen Selbstbildungsprozess unterstützen konnten.

Die Beobachtung im frühkindlichen Bereich geht deshalb idealerweise immer vom wahrnehmenden zum entdeckenden Beobachten. Damit aus einem wahrnehmenden ein entdeckendes Beobachten wird, ist es wichtig, dass Erzieher/innen ihren eigenen Wahrnehmungen Aufmerksamkeit schenken. Je feinfühliger der Prozess des Beobachtens und Dokumentierens verläuft, desto besser können Sie ein Kind kennenlernen und dieses in seinem Bildungsprozess unterstützen. Das geschieht dadurch, dass Erzieher/innen Kinder in ihrem Alltag aufmerksam wahrnehmen und sich auf das einlassen, was sie tun und möglicherweise denken. Professor Gerd Schäfer von der Universität Köln unterscheidet beim Beobachten zwischen einer gerichteten und einer ungerichteten Aufmerksamkeit. Bei der gerichteten Aufmerksamkeit geht die beobachtende Person von bekannten Entwicklungsphasen beim Kind aus und schaut ausschließlich darauf, ob die Entwicklung stattgefunden hat oder nicht. Gerichtet heißt, dass die Aufmerksamkeit auf das altersgemäß zu erreichende Entwicklungsfenster gerichtet ist. Das Kind wird bei dieser Form der Beobachtung zum Beobachtungsgegenstand. Da sich nicht alle Kinder identisch entwickeln, kann diese Form zu sehr defizitären Schlussfolgerungen darüber führen, was das Kind alles noch nicht kann. Gerichtetes Beobachten wird eingesetzt, um Entwicklungsdefizite frühzeitig feststellen zu können, und hilft statistische Aussagen für die Forschung zu bekommen. Sie berücksichtigt nicht das Potenzial, welches in jedem Kind liegt, und kann die Komplexität des frühkindlichen Bildungsprozesses nicht wiedergeben. Das Beobachten mit einer ungerichteten Aufmerksamkeit ist dem gegenüber beschreibend und dadurch nicht bewertend. So kann beobachtet werden, mit welchem Thema das Kind sich gerade beschäftigt. Die

Haltung bei dieser Form des Beobachtens ist kooperativ und konstruktiv. Um die Motivation des Kindes zu erhalten wird stets an dem Interesse angesetzt, welches das Kind gerade selbst mitbringt. Die Blickrichtung ist auf das ausgerichtet, was da ist und nicht auf das, was da sein sollte. Der Beobachter will nichts Bestimmtes wissen, sondern er ist bereit wahrzunehmen, was das Kind an komplexen Fähigkeiten bereits hat. Er will etwas noch nicht Bekanntes entdecken und erfahren.

Für Erwachsene ist Lernen meist ein Prozess des Denkens und der Wissenserweiterung. Kinder dagegen lernen durch Wiederholung, Versuch und Fehler. Ein unbefangener Blick, offen und frei für das, was das Kind anstellt, um sich Wissen anzueignen, hilft sehr dabei, das Bemühen eines Kindes und seine Anstrengung wertzuschätzen und es gezielt zu unterstützen. Das ungerichtete Beobachten ist ein dauerndes Fragen: Was nehme ich wahr? Was sehe ich? Was spüre ich? Was höre ich? Was rieche ich? Was schmecke ich? Die Erzieher/innen sind zusammen mit dem Kind auf einer Beobachtungsreise, die sich ganz im Moment abspielt. Eine wahrnehmende und entdeckende Beobachtung sensibilisiert sie. Da sie die Fähigkeiten und Kenntnisse der Schrift und des Reflektierens bereits gelernt hat, ist sie in diesem Prozess zwar die Person, die dokumentiert, doch das sollte immer mit dem höchsten Respekt vor dem Kind geschehen. Ihre Beobachtung sollte sie selbst als Person mit einschließen, die eigentliche Bildungsleistung des Kindes genau beschreiben und wiedergeben und das Kind in der Vorgehensweise beim Beobachten und Dokumentieren mit einbeziehen.

So können zum Beispiel erste Versuche mit Farbe als Bilder auf eine gespannte Wäscheleine gehängt werden. Auch das ist eine Form der Dokumentation. Gemeinsam mit den Kindern werden die Ergebnisse angeschaut und jeder kann seine Reaktionen auf diese ersten Kunstwerke zeigen. Später werden die Farberfahrungen individuell in Mappen oder Portfolios abgelegt und mit Kommentaren der Beteiligten versehen. Durch die Art der Themenvorschläge und Sortierungen können alle wichtigen Themen eines Bildungsplans angesprochen werden. Eine solche Vorgehensweise beim Dokumentieren macht sehr viel Sinn, damit der Betrachter eines solchen Portfolios dieses aus seiner Entstehungsgeschichte heraus verstehen kann.

Die Qualität von Beobachtungsverfahren wird sich daran messen lassen müssen, ob sie geeignet sind, die Komplexität von Bildungsprozessen der Kinder festzuhalten. Die Kombination von strukturierten Mappen, die die einzelnen Bildungsbereiche abbilden, individuellen Ausdrucksmöglichkeiten der Kinder und einer respektvollen Beschreibung dessen, was in der Kindertageseinrichtung stattfindet, ist eine gute Mischung, um solchen komplexen Fragestellungen nachzugehen. Beobachten und Dokumentieren sollte deshalb immer ein gemeinsamer Prozess innerhalb der Kindertagesstätte sein, bei dem alle Beteiligten bereit sind transparent zu machen, was sie miteinander aktuell erforschen. Eine solche Dokumentation kann als Bildungsdokumentation verstanden werden und sollte in einer Bildungsvereinbarung mit den Eltern auch benannt werden. Viele Eltern sehen mit Freude und Staunen, was ihr Kind zu lernen und zu leisten bereit ist, mit welcher Neugier und welchem Vergnügen es sich die Welt zueignen macht.

Beobachtung und Dokumentation braucht viel Zeit:
- Gezielte Beobachtung 4-mal pro Jahr pro Kind
- Kindbezogene Beobachtung durch mindestens zwei Personen unabhängig voneinander

Beobachtung	4 x 15 Minuten x 2 Erzieher/innen	
Nachbereitung	4 x 40 Minuten	(jede/r 20 Minuten: Reflexion der Beobachtung, Überarbeitung der eigenen Aufzeichnungen und Vorbereitung zum kollegialen Austausch)
Kollegialer Austausch	4 x 30 Minuten x 2 Erzieher/innen	
Dokumentation der Beobachtung in einem Portfolio	4 x 20 Minuten	

Gezielte Beobachtung (2 Erzieher/innen)	120 Minuten
Reflexion der Beobachtung (2 Erzieher/innen)	160 Minuten
Jeweiliger kollegialer Austausch (2 Erzieher/innen)	240 Minuten
Dokumentation und Beobachtung	80 Minuten
Pro Jahr/pro Kind	600 Minuten

10 Erzieher/innen-Stunden sind pro Kind pro Jahr für eine kindbezogene Beobachtung und Dokumentation erforderlich.

Die Dokumentation ist eine Gemeinschaftsarbeit von Kind und Erzieher/in. Wenn das Kind die Kindertageseinrichtung verlässt, kann es den Eltern die Dokumentation überreichen. Dadurch erfährt es Beteiligung und Mitsprache. Das kindliche Tun als sinnvoll zu verstehen, ist die Grundhaltung, die einem solchen Tun zugrunde liegt; das schafft Selbstvertrauen.

Ziel bei der Erstellung einer Bildungsdokumentation ist, dass
- der Dokumentation eine feinfühlige und ungerichtete Beobachtung vorausging,
- nicht defizitorientiert beschrieben wird,
- die individuelle Persönlichkeit des Kindes gesehen wird,
- alle Beteiligten damit einverstanden sind, dass dokumentiert wird,
- die Umsetzung im Kindertagesstättenalltag praktikabel bleibt,
- sie sich an den Themen des gültigen Bildungsplanes orientiert.

Die Beobachtung ist das Kernstück der Dokumentation. Ohne sie kann keine individuell ausgerichtete Dokumentation erstellt werden. Ein Kind muss immer zuerst vorurteilsfrei in den Blick genommen werden, bevor differenzierte Beobachtungen vorgenommen werden können. Wenn die vom Kind selbst gestellten Aufgaben erkannt werden, kann der individuelle Bildungsprozess des Kindes beobachtet und seine frühkindliche Auseinandersetzung mit dem Umfeld identifiziert werden. Mit diesem Wissen kann Beobachtung ganz gezielt eingesetzt, organisiert und systematisiert werden, sodass die Erzieher/innen für die Dokumentation alle Themengebiete ihrer Bildungsvereinbarung mit dem Kind zusammen erkunden und festhalten können. Die Beobachtung und Dokumentation ist und bleibt dadurch auf das individuelle Kind ausgerichtet und ermöglicht dennoch eine systematische Darstellung für die Eltern und Personen, die danach die Bildungsprozesse des Kindes begleiten.

Das Einfühlungsvermögen, zu welchem Erwachsene untereinander in der Lage sind, ist eine Investition in die Zukunft der Kinder und in die einer Gesellschaft, die nicht auf Ausbeutung, sondern auf eine resilienzfördernde Welt- und Lebensorientierung baut.

Menschen, die Kinder in dieser Form unterstützen
- sind klar und ehrlich,
- sind aufmerksam, feinfühlig und einfühlsam,
- lösen negative Muster auf oder verwandeln deren Energie,
- geben dem Kind das Gefühl der Wertschätzung,
- akzeptieren das Kind so, wie es ist,
- verhelfen ihm zu einer realistischen Selbsteinschätzung,
- verhelfen Kindern zu ihren persönlichen Erfolgserlebnissen,
- geben zu erkennen, dass man aus Fehlern lernen kann,
- geben Kindern Herausforderungen, die sich bewältigen lassen,
- wecken die Motivation, Selbstständigkeit, Beteiligung, Entscheidungsfreude und aktives Handeln,
- wecken das Verantwortungsbewusstsein, Mitgefühl und das soziale Gewissen,
- fördern das Selbstwertgefühl
- und die Selbstdisziplin.

Die eigene ehrliche Motivation bei der Bildungsbegleitung eines Kindes spielt eine sehr wichtige Rolle in dem Wechselspiel zwischen Erzieher/in und Kind. Je deutlicher diese Motivation an die Eltern transportiert werden kann, desto leichter wird es den Eltern fallen als Bildungsbegleiter zu kooperieren und die Erzieher/innen durch die Bildungsvereinbarung zu unterstützen.

Konzept Bremen

St. Petri Kinderhaus

Interview mit dem pädagogischen Leiter Axel Antons-Eichner

Herr Antons, Sie arbeiten seit 1989 als Sozialpädagoge mit Kindern und deren Familien; zunächst im Jugendverband und dann als Leiter von Kindertagesstätten. Seit 2009 sind Sie Bereichsleiter für die Kindertageseinrichtungen der St. Petri Kinder- und Jugendhilfe. Daraus sind die Diakonischen Kindertageseinrichtungen in Bremen entstanden, deren Pädagogischer Leiter Sie heute sind. Was hat Sie zu der Erstellung Ihres pädagogischen Konzepts veranlasst?
Ich wollte ein innovatives Betreuungskonzept für berufstätige Eltern und Eltern aus schwierigen Lebenslagen oder Krisen gleichermaßen unter einem Dach schaffen. Die Familien sollten Angebote von Geburt der Kinder an erhalten. Die Einrichtung arbeitet ressourcenorientiert von Anfang an mit Eltern und dem gesamten sozialpädagogischen Netzwerk der Kinder- und Jugendhilfe zum Wohl der Kinder zusammen.

Herr Antons, wie schaffen Sie es, das Konzept aktuell zu halten?
Indem wir unser pädagogisches Handeln ständig hinterfragen, unser Umfeld gut beobachten und stetig neu betrachten.

Das Konzept spiegelt sehr schön die Bildungsbegleitung der Kinder durch die Erwachsenen wider. Sind Sie nicht auch der Meinung, dass Kinder Bildungsbegleiter von Erwachsenen sind, weil sie diese wieder auf das Wesentliche im zwischenmenschlichen Zusammensein aufmerksam machen?
Ja. Und ohne die Eltern geht das nicht. Wir suchen nach dem, wo Eltern Erziehung gut gelingt und bauen darauf auf, um Motivation für Neues zu erreichen. Das ist ein Lernprozess in beide Richtungen: für die Eltern *und* für die Kinder. Die Pädagogen sind dabei Wegbegleiter.

Wie stellen Sie sich die Fachberatung 2020 vor?
Immer wieder neu denken und sich an der gesellschaftlichen Veränderung orientieren. Auch hier können wir uns nur von der positiven Blickrichtung leiten lassen. Ich stelle mir vor, dass Fachberatung das Beobachtete nicht nur hinterfragt, sondern den Rahmen weiter fast, Möglichkeiten zur Veränderung aufzeigt und an der Weiterentwicklung interessiert ist, die sich immer am Bedarf des Kindes und der Lebenssituation der Erziehenden orientiert.

Danke, dass Sie uns Ihr Konzept zur Verfügung gestellt haben. Ich wünsche Ihnen viel Erfolg bei Ihrer Bildungsbegleitung.

Kindertagesstätte und Familienzentrum

Das neue Kinderhaus steht inmitten der grünen Wiesen am Ehlersdamm. Die Natur ist ein wichtiger Bestandteil unseres Hauses. Das Gelände des Kinderhauses lädt ein, sich dort zu bewegen, zu spielen und Naturphänomene zu entdecken.

Unser junges Konzept hat den Anspruch, das Aufwachsen von Kindern im Alter von 0 bis 6 Jahren zu begleiten und zu fördern. Dabei orientieren wir uns an neuesten und innovativen fachlichen Erkenntnissen. Kinder sollen sich sicher und geborgen fühlen. Das Kinderhaus ist ein Ort, der Kindern alle Möglichkeiten zu einer guten Entwicklung bietet.

Präambel

Das St.Petri Kinderhaus ist ein Ort der Begegnung und Geborgenheit für Kinder und Familien inmitten eines Naturgeländes.

Das Kind steht in seiner Einzigartigkeit mit seinen individuellen Fähigkeiten im Zentrum unseres pädagogischen Handelns. Kinder sind unsere Zukunft und bedürfen unserer ganzen Aufmerksamkeit. Wir wollen den Kindern ein Wegbegleiter sein, ihrer Entwicklung Raum und Unterstützung bieten.

Die Kindertagesstätte ergänzt die familiäre Betreuung, fördert die Kinder in ihrer Entwicklung und hilft Eltern, Beruf und Familie zu vereinbaren. Eltern sind in der Einrichtung genauso willkommen wie die Kinder.

Die Kindertagesstätte ist im Verbund der Einrichtungen der St. Petri Kinder- und Jugendhilfe ein präventiver Bestandteil der Jugendhilfe und Erziehungshilfe. Das St. Petri Kinderhaus ergänzt die Versorgung des Stadtteiles mit bedarfsgerechten Kinderbetreuungsangeboten, beteiligt sich am Ausbau der Tagesbetreuung für unter 3-jährige Kinder und sieht sich als gemeinwesenorientierte Einrichtung in der Vernetzung mit behördlichen und kleinräumiger Sozialstruktur des Stadtteiles.

Leitbilder

Einrichtung und Träger

Das St. Petri Kinderhaus integriert Betreuungs- und Bildungsangebote, Beratungen und Dienstleistungen rund um die Familie.

Die Angebote des St. Petri Kinderhauses sind sozialraumbezogen und bedarfsorientiert. Wir bieten flexible Betreuungs- und Öffnungszeiten an. Die pädagogische Ausrichtung ist situations- und ressourcenorientiert. Wir sind eine Bildungseinrichtung, die die Kinder in ihrer Entwicklung begleitet und umfassend herausfordert.

Wir wollen auf positiven Eigenschaften und Möglichkeiten aufbauen. Unsere Haltung ist fehlerfreundlich auf der Suche nach Verbesserungen. Wir schützen Kinder gemeinsam und lösungsorientiert.

Wir bilden Netzwerke zwischen Kinder-, Jugend- und Familienhilfe. Wir sind ein Teil einer vielfältigen, innovativen und kreativen Trägerschaft.

Kinder

Das Kind steht im Zentrum. Jedes Kind ist individuell geachtet und wertgeschätzt. Eine gute Erziehung braucht zuerst eine gute Beziehung.

Wir verstehen unser pädagogisches Handeln als Entwicklungsbegleitung. Wir holen die Kinder da ab, wo sie stehen und bestärken sie positiv. Wir fördern Kinder, ohne sie zu überfordern.

Partizipation heißt für uns, mit den Kindern auf gleicher Augenhöhe zu stehen. Wir lassen sie an Entscheidungsprozessen teilhaben. Wir lassen den Kindern ihre Zeit.

Eltern

Eltern sind die Experten für ihr Kind. Wir sehen uns und die Eltern in einer Erziehungspartnerschaft, die getragen ist durch vertrauensvolle Zusammenarbeit, Wertschätzung, gegenseitiges Lernen und Rücksichtnahme.

Eltern können und sollen teilhaben und mitwirken am Geschehen im Kinderhaus. Wir wollen Eltern unterstützen und haben Verständnis und Achtung für die jeweilige Familiensituation.

Mitarbeiter

Die Mitarbeiter/innen sind Vorbilder für Kinder und Eltern und bringen einander dieselbe Wertschätzung, Achtung und Respekt entgegen wie ihnen. Die Mitarbeiter/innen achten aufeinander und unterstützen sich gegenseitig. Es gibt eine Bereitschaft zu helfen und alle haben den Mut, um Hilfe zu bitten.

Interne Konflikte werden nicht an die Eltern/an Außenstehende herangetragen. Uns ist es wichtig, dass wir Raum haben, aus unseren Fehlern zu lernen. Wir dürfen auch mal Nein sagen. Jede Meinung ist wichtig und wird toleriert. Es gibt eine Klärungsbereitschaft nach Missverständnissen und Konflikten.

Pädagogik

Die pädagogische Konzeption ist situationsorientiert und bezieht die Lebenssituation des Kinder mit ein. Sie ist eine kindorientierte Pädagogik in aktiver Mitsprache und Mitgestaltung. Sie ist ganzheitlich und entwickelt sich ständig in Anlehnung an neuesten Erkenntnissen weiter.

> ### Reggio-Pädagogik/Loris Malaguzzi (1920-1994)
>
> - die hundert Sprachen des Kindes
> - der Raum als dritter Erzieher
> - die Kita und das Gemeinwesen
> - Teamarbeit und Demokratie
> - Ganzheitlichkeit in der Projektarbeit
>
> Impulse aus der Reggio-Pädagogik finden sich im Bild vom Kind, der Lebensgemeinschaft mit den Eltern, der Gemeinwesenorientierung und der Raumgestaltung ebenso

wie in der Projektarbeit wieder. Gleichermaßen ist die Konzeption von der Freinet-Pädagogik beeinflusst, die die Bildungsbereiche ganzheitlich verknüpft. Montessori-Ansätze nehmen das Kind in seinen Lebensphasen wahr und geben Raum für selbstentfaltendes Lernen. Besondere Berücksichtigung bei der Entwicklung des Kleinkindes findet das Konzept von Emmi Pikler, durch das die Pflege des Kindes und die selbständige Bewegung in einem sicheren Rahmen besondere Aufmerksamkeit bekommt.

Das Prinzip von Emmi Pikler

Ungarische Kinderärztin und Leiterin des Lózcy-Instituts in Budapest
Pflege – Bewegung – freies Spiel
Herausforderung ohne Überforderung: Immer etwas mehr anbieten als das, was das Kind zur Zeit schon kann.

Ein besonders verantwortlicher Umgang mit den wichtigen ersten 3 Lebensjahren, die das ganze spätere Leben beeinflussen werden, ist uns ein besonderes Anliegen und beeinflusst das pädagogische Konzept in der Krippe und im Kindergarten ebenso wie das Wissen um die neurobiologische und physiologische Entwicklung des Kindes.

Die pädagogischen Fachkräfte verstehen sich als Entwicklungsbegleiter der Kinder und geben ihnen Halt und Orientierung.

Die pädagogischen Fachkräfte nehmen die Kinder in ihrer Individualität wahr, die als Konstrukteure ihrer eigenen Entwicklung im Dialog begleitet und unterstützt werden. Bildung beginnt mit dem Tage der Geburt und die Kinder werden mit ihren Kompetenzen individuell in ihrer Persönlichkeit geachtet und wertgeschätzt.

Ein ausgewogenes Verhältnis von angeleiteten Spielimpulsen und frei gewählten Beschäftigungen des Kindes bestimmt die Aktivitäten in der Kindertagesstätte. Das Handeln des Kindes steht im Mittelpunkt unseres Interesses, nicht das Produkt. Dabei beobachten und dokumentieren die pädagogischen Fachkräfte das Geschehen und nehmen diese Beobachtungen zur Grundlage für regelmäßige Elterngespräche.

Die Einrichtung

0- bis 6-jährige Kinder werden unter einem Dach betreut. Die Altersstruktur jeder Gruppe ist ausgewogen und altersgemischt.

In der Kindertagesstätte werden 2 Krippen à 10 Kinder von 0 bis 3 Jahren und 2 Kindergartengruppen à 20 Kinder im Altern von 3 bis 6 Jahren betreut.

Die Räume sind großzügig und altersgerecht eingerichtet und bieten eine anregende, vielfältige Umgebung für die Kinder mit Funktions- und Themenecken, sowie ausreichende Ruhe- und Rückzugsmöglichkeiten. Das Haus verfügt über einen großen Bewegungs- und Mehrzweckraum.

Mehrere Differenzierungsräume können für Teilgruppen genutzt werden. So entsteht in einem Raum ein Bewegungs- und Sinnesraum für Kleinkinder, der neben der Nutzung durch die hauseigenen Gruppen auch für therapeutische Zwecke und für PEKIP-Gruppen des Stadtteils genutzt wird. Ein weiterer Raum kann als Kinderatelier für kreative Tätigkeiten genutzt werden und als spezielles Angebot im Netzwerk verschiedener Angebote wird ein Kinderlabor bzw. Forscher- und Entdeckerraum eingerichtet.

Ein gut ausgestattetes, naturbelassenes Außenspielgelände mit altem Baumbestand lädt alle Kinder zum Draußenspielen ein.

Darüber hinaus bietet das Haus Therapie- und Beratungsräume.

Forschen und Entdecken im Kinderlabor

Bildung für alle – ein Projekt, gefördert von der Heinemann-Stiftung
- Forscherraum und Kinderlabor im St. Petri Kinderhaus
- Naturgarten und Umweltprojekt im St. Petri Hort Tenever
- Vernetzung mit den flexiblen Hilfen, dem Kinderbauernhof Tenever, Schulen im Stadtteil; Schullandheim Gardshütte sowie allen Einrichtungen der Petri-Minis gGmbH und der St. Petri Kinder- und Jugendhilfe

Kinder

Das Kind wird in seinen Kompetenzen und Fähigkeiten wahrgenommen und in seiner Entwicklung unterstützt. Wir fördern die Selbstständigkeit und das Selbstbewusstsein der Kinder, geben ihnen Sicherheit und Orientierung. Die Kinder werden ihren Fähigkeiten angemessen an der Gestaltung und Entwicklung der Kindertagesstätte beteiligt.

Die Kinder werden in der Regel ab 6 Monaten frühestens aufgenommen und eine gut vorbereitete Eingewöhnungszeit unter Beteiligung der Eltern geht der Betreuung voraus. Bei der Eingewöhnungsphase orientieren wir uns am Berliner Modell.

»Hilf mir, es selbst zu tun«, ist ein Ausspruch von Maria Montessori, der unsere Haltung dem Kind gegenüber ausdrückt.

Die pädagogische Haltung nimmt das Kind aus dem Blickwinkel eines systemischen Ansatzes wahr, sieht das Kind nie losgelöst von seinem Umfeld und seinen Möglichkeiten.

Durch das eigene Handeln und das Spiel lernt das Kind die Wahrnehmung seiner Lebenswelt neu kennen und konstruiert damit seine Sicht von der Welt neu. Die pädagogischen Fachkräfte begleiten die Kinder in ihren Selbstlernprozessen und geben ihm den notwendigen sicheren Rahmen und die Orientierung.

Dieser Prozess vollzieht sich im Gefüge einer Gruppe, in der das Kind soziale Kompetenzen erlangt, Rollen finden und erproben kann, die die Erfahrung bilden, sich in der Gesellschaft zurechtzufinden.

Systemisch-konstruktivistische Spielpädagogik

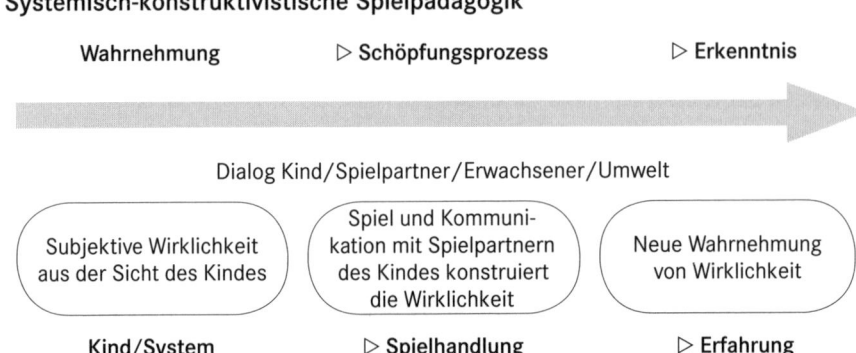

Eltern

Wir gehen mit den Eltern eine Erziehungspartnerschaft ein, die durch gegenseitiges Vertrauen und Wertschätzung getragen ist. Die Eingewöhnungszeit in der Krippe benötigt eine Zeit des Kennenlernens und der Begleitung, bevor sich das Kind schließlich in der Gruppe sicher und geborgen fühlen kann. Wir wünschen uns, dass die Eltern mit dem Gefühl aus dem Haus gehen können, einen guten Platz für das Kind gefunden zu haben.

Eltern sollen an den Geschehnissen der Einrichtung beteiligt werden. Die vertrauensvolle Zusammenarbeit ist die Voraussetzung für eine gelingende Partnerschaft zwischen pädagogischen Fachkräften und Eltern.

Eltern sind in der Kindertagesstätte ebenso willkommen wie die Kinder und finden Raum und die Möglichkeit zur Begegnung und Beratung.

Eltern werden mit ihren Kompetenzen wahrgenommen und gehen mit den pädagogischen Fachkräften eine Erziehungspartnerschaft ein. Dabei werden die Notwendigkeiten der Berufstätigkeit und Familienentlastung ernst genommen und die Angebote der Kindertagesstätte sind bedarfsorientiert. Eltern erhalten Gesprächs- und Beratungsangebote.

Die Kompetenzen der Eltern sind Bezugspunkte des pädagogischen Handelns.

Bildung

Der Begriff »Frühkindliche Bildung« ist Leitgedanke eines umfassenden Bewusstseins dafür, dass alle Bildungsbereiche dem Alter des Kindes angemessen berücksichtigt werden. Wir lehnen uns an den Rahmenbildungsplan der Stadt Bremen an und lassen dem Kind seinen Freiraum, die Welt zu entdecken.

Spielen ist Lernen.
Bildung ist nicht zufällig.
Kinder sind von Natur aus Forscher.

Alle Bildungsbereiche, Sprache, Bewegung, soziale Kompetenzen, Musik, Religion, Ästhetik, Naturwissenschaft und Technik werden in der Gestaltung der Tagesabläufe berücksichtigt.

Die pädagogischen Fachkräfte arbeiten projektorientiert und entwickeln ihre Themenschwerpunkte am Jahreskreislauf und den Interessen der Kinder. Sie geben Anregungen durch eigene Impulse.

Die sprachliche Entwicklung und frühkindliche Kommunikation wird in der Krippenpädagogik durch die Methoden der gestenunterstützten Kommunikation GuK gefördert.

Der allgemeinen Sprachförderung insbesondere bei Kindern mit Migrationshintergrund, aber auch zur Unterstützung der Erfahrung mit Mehrsprachigkeit wird im Alltag besondere Aufmerksamkeit durch speziell geschultes Personal geschenkt.

Beobachtungen, Entwicklungsberichte und Dokumentationsmethoden wie *Learning Stories* und Portfolioarbeit sind Bestandteile der pädagogischen Arbeit und Grundlagen für eine gute Information und Beteiligung der Eltern.

Rahmenbildungsplan und Bildungsbereiche
- Rhythmik und Musik
- Körper und Bewegung
- Spiel und Phantasie
- Sprachliche und nonverbale Kommunikation
- Soziales Lernen, Kultur und Gesellschaft Bauen und Gestalten
- Natur, Umwelt und Technik

Es darf nicht zufällig sein, was die pädagogische Fachkraft mit den Kindern macht und welche Ausstattung den Kindern zur Verfügung steht.

Betreuungsangebote und Aufnahmekriterien

Im St. Petri Kinderhaus werden zwei Gruppen mit Kindern von in der Regel 6 Monaten bis zum 3. Lebensjahr betreut. In jeder Gruppe können bis zu 10 Kinder betreut werden, darunter dürfen nicht mehr als zwei Kinder jünger als 12 Monate sein. In zwei weiteren Gruppen werden jeweils 20 Kinder im Alter von 3 bis 6 Jahren altersgemischt betreut.

Die Aufnahmekriterien richten sich nach der wirtschaftlichen, sozialraumbezogenen, wohnortsnahen und bedarfsorientierten Situation. Darüber hinaus wird ein bestimmter Anteil an Betreuungsplätzen für Maßnahmen der Hilfen zur Erziehung sowie der betriebsnahen Kinderbetreuung für beteiligte Unternehmen und Kinder von Mitarbeitenden der St. Petri Kinder und Jugendhilfe berücksichtigt.

Öffnungszeiten und Beitragsordnung

Die Öffnungszeiten werden auf den tatsächlichen Bedarf der Elternschaft flexibel abgestimmt.

Dabei legen die Eltern in Betreuungsverträgen die Betreuungszeiten fest, die ein Minimum an Betreuungsstunden und -umfang umfassen, so dass eine kontinuierliche Gruppenzusammensetzung gewährleistet ist.

Der Betreuungsbeitrag ist für die Regelbetreuung einkommensabhängig und richtet sich nach der bremischen Beitragsordnung.

Im Betreuungsvertrag werden Zeitkontingente festgelegt. Die Eltern können darüber hinaus zusätzliche Betreuungszeiten anmelden, die mit einem besonderen Betreuungsbeitrag in Rechnung gestellt werden.

Die Betreuung wird ganzjährig unabhängig von Ferien und Schließzeiten angeboten. Zusätzliche Betreuungsstunden, Betreuung während der Schulferien und spezielle Angebote werden mit einem gesonderten Beitrag abgerechnet.

Pädagogische Fachkräfte und Mitarbeitende

In den Krippen sind bei einer Gruppenstärke von bis zu 10 Kindern mindestens zwei pädagogische Fachkräfte mit der Qualifikation Erzieher/in als Gruppenleiter/in und Kinderpfleger/in, Sozialassistent/in als Zweitkräfte sowie weitere unterstützende Kräfte mit vergleichbaren Qualifikationen eingesetzt.

In den Kindergartengruppen werden jeweils ein/e Erzieher/in als Gruppenleiter/in und eine weitere pädagogische Fachkraft eingesetzt.

Den Gruppen stehen qualifizierte Vertretungskräfte zur Verfügung und das Kinderhaus wird durch eine erfahrene sozialpädagogische Fachkraft geleitet. Alle Mitarbeiter tragen die pädagogische Grundhaltung des Hauses sowie ein dienstleistungsorientiertes, dem Kind und den Eltern zugewandtes Selbstverständnis mit.

Diakonie

Als diakonische Einrichtung unterstützen wir alle Kinder und Familien unabhängig von ihrer Herkunft oder ihren wirtschaftlichen Möglichkeiten gleichermaßen. Für sozial benachteiligte Familien werden besondere Hilfsangebote bereitgestellt, die den Kindern eine uneingeschränkte Teilnahme an allen Aktivitäten der Einrichtung ermöglichen.

Es stehen allen Familien professionelle Hilfs- und Beratungsangebote zur Verfügung.

Förderangebote und Integration

Durch die Einbindung heilpädagogischer Fachkräfte der Einrichtungen der St. Petri Kinder- und Jugendhilfe in die Kindertagesstätte mit Therapieräumen und unterschiedlichen fachlichen Qualifikationen ist die Möglichkeit gegeben, niedrigschwellige Beratungs- und Diagnoseangebote zu nutzen und integrierte Fördermaßnahmen bei Bedarf oder anerkannten Behinderungen in der Kinderbetreuung zu realisieren.

Eltern-Kind-Krabbelgruppe

Um die Eingewöhnungszeit zu erleichtern und Eltern eine gute Möglichkeit zum Austausch in ihrer neuen Lebenssituation zu geben, wird neben dem Betreuungsangebot ein Begegnungsraum durch das Angebot einer begleiteten Eltern-Kind-Krabbelgruppe geschaffen.

Familienfreizeiten

Familienfreizeiten an Wochenenden mit unterschiedlichen erlebnispädagogischen Schwerpunkten bereichern das Angebot und die Begegnungsmöglichkeiten für Familien.

Elternbildung

Themenelternabende geben Eltern die Möglichkeit, ihre Fragen zur Erziehung und Entwicklung zu klären. Durch Elternbildungsveranstaltungen finden Erziehende Unterstützung im Umgang mit ihren Kindern oder in der Partnerschaft.

Fortbildungsangebote intern und extern

Die pädagogischen Fachkräfte nutzen externe und interne Fortbildungsmaßnahmen. Es werden pädagogische Konzepte weiterentwickelt, die als Praxiserfahrung anderen durch angebotene Fortbildungsmaßnahmen zugänglich gemacht werden können.

Als Praxisstelle beteiligt die Kindertagesstätte sich an der Ausbildung von pädagogischen Fachkräften.

Den pädagogischen Fachkräften stehen Fachberatung und Supervision zur Verfügung.

Englisch

Englisch ist die wichtigste Weltsprache, und wenn Kinder in der frühesten Kindheit einen natürlichen Umgang damit erfahren, finden sie ohne Hemmschwellen einen leichteren Zugang.

In einem integrierten bilingualen Konzept bringt sich eine pädagogische Fachkraft mit dem Schwerpunkt Englisch in den Alltag der Kinder ein, beteiligt sich am Gruppenablauf und schafft so für Kinder die Möglichkeit, spielerisch mit der Fremdsprache umzugehen.

Reiten, Tiere und Kinderbauernhof Tenever

Die Kinder können das Angebot »Ponyreiten« nutzen und lernen, verantwortlich mit Tieren umzugehen.

Der Körper, die Bewegung und das Verhalten des Pferdes bieten viele Möglichkeiten im Rahmen der tiergestützten Pädagogik die Entwicklung des Kindes zu fördern.

So spielt durch das Freizeitreiten und den angeschlossenen Kinderbauernhof Tenever die Verantwortung für Tiere eine große Rolle im pädagogischen Alltag der Kindertagesstätte.

Bewegung und Musik

Die Kindergartenkinder nutzen durch regelmäßige Turnstunden die Halle für Bewegung und gehen zum Schwimmen ins nahe gelegene Schwimmbad. Bewegung ist wichtig für eine gesunde Entwicklung der Kinder.

Ebenso bedeutsam ist das Musizieren und Tanzen. Regelmäßige Musikangebote bereichern den Alltag der Kinder.

Diakonische Kindertageseinrichtungen in Bremen gemeinnützige GmbH
Axel Antons-Eichner, Dipl. Sozialpädagoge Pädagogischer Leiter

3 Fachberatung als Bildungsbegleitung

- Gesetzlicher Auftrag
- Öffentliche Träger
- Freie Träger
- Organisationsform der Fachberatung
- Qualifizierung
- Interview Ilse Wehrmann

Durch die heterogenen Ausführungen auf Landesebene wird der gesetzliche Förderauftrag zur Zeit noch von den jeweils zuständigen Kommunen unterschiedlich umgesetzt. Es gibt keine Normen oder festen Organisationsstrukturen, die für eine Fachberatung im Bereich der Kindertageseinrichtung vorgeschrieben sind. Das bringt Vor- und Nachteile mit sich. Ein Wechsel von einer Kommune zur nächsten kann für Eltern oder Fachkräfte eine erhebliche Leistungssteigerung oder einen Leistungsabfall in der Fachberatung bedeuten. Das mag in der Praxis oft als Nachteil gesehen werden. Dass jede Kommune sehr individuell die Fachberatung ausgestalten kann, hat aber den Vorteil, dass ein Ausbau und die Qualitätsentwicklung der Fachberatung passend zu den Erfordernissen einer individuellen Kommune entwickelt werden können.

> Strukturen und Normen helfen, wenn sie den Arbeitsalltag leichter machen. Etwas kreativ und individuell zu entwickeln hilft, wenn Probleme und Aufgaben nicht innerhalb einer Struktur gelöst werden können.

Für die Praxis heißt das, dass Fachberatungen einen Mittelweg zwischen normativen Strukturen und individuellen Lösungswegen für Probleme und Aufgaben finden müssen.

> *Fachberatung* ist eine personenbezogene, strukturentwickelnde soziale Dienstleistung (bzw. Vermittlungs- und Verknüpfungsdienstleistung) im Rahmen der Jugendhilfe. Sie wirkt qualitätssichernd und -entwickelnd im Feld der Erziehungsarbeit und der Lebensgestaltung von Kindern. Fachberatung verbindet fachliche, entwicklungs- und organisationsbezogene Beratung. M.E.Karsten in »Mit uns auf Erfolgskurs« – Divivere, Irskens.

Fachberatung gilt als eine wesentliche Voraussetzung für die Qualitätsentwicklung innerhalb des Arbeitsfeldes der Frühpädagogik. Besonders im Kontext der Bil-

dungsoffensive im frühkindlichen Bereich kommt Fachberatung eine hohe Bedeutung zu. So wurden in den einzelnen Bundesländern und Freistaaten in den letzten Jahren Bildungspläne eingeführt, um Bildungsarbeit mit Kindern zwischen drei und sechs Jahren in Kindertageseinrichtungen und in der Kindertagespflege zu professionalisieren. Aufbauend auf wissenschaftlichen Erkenntnissen aus den Bereichen der Pädagogik, Reformpädagogik und Neurobiologie sowie internationalen Standards innerhalb des Arbeits- und Praxisfeldes der Frühpädagogik wurden – in unterschiedlicher Qualität – Richtlinien für die pädagogische Arbeit von Erzieherinnen und Erziehern, Leiterinnen und Leitern in Kindertageseinrichtungen entwickelt, die ihnen in ihrer täglichen Arbeit mit Kindern einen qualitativ hochwertigen Rahmen geben sollen. (Vera Bamler)

Dieses umfassende Verständnis von Fachberatung setzt voraus, dass Fachberater/innen ausreichend Zeit für diese Arbeit als Kernaufgabe haben. Eine passende Organisationsform und ein gutes Konzept machen es möglich, diese Kernaufgabe klar zu definieren und sie bei den vielfältigen Aufgaben der Fachberatung nicht aus den Augen zu verlieren.

Gesetzlicher Auftrag

Neben der Praxisberatung für Mitarbeiter/innen der Jugendämter sind auch Angebote, die von freien Trägern für deren eigenes pädagogisches Personal erbracht werden, nach Maßgabe des § 74 Abs. 5 SGB VIII finanziell zu fördern.

> **§ 74 Förderung der freien Jugendhilfe**
> (1) Die Träger der öffentlichen Jugendhilfe sollen die freiwillige Tätigkeit auf dem Gebiet der Jugendhilfe anregen; sie sollen sie fördern, wenn der jeweilige Träger
> – die fachlichen Voraussetzungen für die geplante Maßnahme erfüllt und die Beachtung der Grundsätze und Maßstäbe der Qualitätsentwicklung und Qualitätssicherung nach § 79a gewährleistet,
> – die Gewähr für eine zweckentsprechende und wirtschaftliche Verwendung der Mittel bietet,
> – gemeinnützige Ziele verfolgt,
> – eine angemessene Eigenleistung erbringt und
> – die Gewähr für eine den Zielen des Grundgesetzes förderliche Arbeit bietet.
> Eine auf Dauer angelegte Förderung setzt in der Regel die Anerkennung als Träger der freien Jugendhilfe nach § 75 voraus.
> (2) Soweit von der freien Jugendhilfe Einrichtungen, Dienste und Veranstaltungen geschaffen werden, um die Gewährung von Leistungen nach diesem Buch zu ermöglichen, kann die Förderung von der Bereitschaft abhängig gemacht werden, diese Einrichtungen, Dienste und Veranstaltungen nach Maßgabe der Jugendhilfeplanung und unter Beachtung der in § 9 genannten Grundsätze anzubieten. § 4 Abs. 1 bleibt unberührt.

(3) Über die Art und Höhe der Förderung entscheidet der Träger der öffentlichen Jugendhilfe im Rahmen der verfügbaren Haushaltsmittel nach pflichtgemäßem Ermessen. Entsprechendes gilt, wenn mehrere Antragsteller die Förderungsvoraussetzungen erfüllen und die von ihnen vorgesehenen Maßnahmen gleich geeignet sind, zur Befriedigung des Bedarfs jedoch nur eine Maßnahme notwendig ist. Bei der Bemessung der Eigenleistung sind die unterschiedliche Finanzkraft und die sonstigen Verhältnisse zu berücksichtigen.
(4) Bei sonst gleich geeigneten Maßnahmen soll solchen der Vorzug gegeben werden, die stärker an den Interessen der Betroffenen orientiert sind und ihre Einflussnahme auf die Ausgestaltung der Maßnahme gewährleisten.
(5) Bei der Förderung gleichartiger Maßnahmen mehrerer Träger sind unter Berücksichtigung ihrer Eigenleistungen gleiche Grundsätze und Maßstäbe anzulegen. Werden gleichartige Maßnahmen von der freien und der öffentlichen Jugendhilfe durchgeführt, so sind bei der Förderung die Grundsätze und Maßstäbe anzuwenden, die für die Finanzierung der Maßnahmen der öffentlichen Jugendhilfe gelten.
(6) Die Förderung von anerkannten Trägern der Jugendhilfe soll auch Mittel für die Fortbildung der haupt-, neben- und ehrenamtlichen Mitarbeiter sowie im Bereich der Jugendarbeit Mittel für die Errichtung und Unterhaltung von Jugendfreizeit- und Jugendbildungsstätten einschließen.

In § 26 des achten Sozialgesetzbuches wird die landesrechtliche Ausgestaltung geregelt. Inhalt und Umfang der Förderung wird auf Landesebene festgelegt. Die Ausgestaltung richtet sich nach den §§ 22–25 des achten Sozialgesetzbuches.

In § 22 SGB VIII sind die Grundsätze der Förderung von Kindern in Tageseinrichtungen verankert. So soll in Kindertageseinrichtungen, in denen sich Kinder für einen Teil des Tages oder ganztags aufhalten, deren Entwicklung zu eigenverantwortlichen und gemeinschaftsfähigen Persönlichkeiten gefördert werden. Diese Aufgabe umfasst die Betreuung, Bildung und Erziehung. Die entsprechenden Angebote sollen sich hierbei pädagogisch und organisatorisch an den Bedürfnissen der Kinder und ihrer Familien orientieren. Die Erziehungsberechtigten sind an den Entscheidungen in wesentlichen Angelegenheiten der Tageseinrichtung zu beteiligen.

Die §§ 24 bis 26 des achten Sozialgesetzbuches regeln die Ausgestaltung des Förderungsangebotes und damit verbunden die Aufgaben des Trägers der öffentlichen Jugendhilfe. Auch hierzu ist die Beratung des pädagogischen Personals von Tageseinrichtungen für Kinder erforderlich. Die landesrechtliche Ausgestaltung der Aufgaben der Fachberatung sind in den einzelnen Bundesländern sehr unterschiedlich geregelt.

Macht der Bund von seiner Gesetzgebungskompetenz keinen Gebrauch, wird die Gesetzgebungsbefugnis nach Artikel 72 (1) GG auf die Länder übertragen. Diese haben dann die Möglichkeit, den vom Bund gesetzten Rahmen, der durch das SGB VIII für ganz Deutschland einheitlich geregelt ist, durch »landesspezifische Ausführungsgesetze« zu konkretisieren. Somit sind die Bundesländer nach § 26 SGB VIII für die Gestaltung des Inhalts und des Umfangs der Kleinkindbetreuung verantwortlich.

Öffentliche Träger

Die Fachberatung wird durch den Träger der öffentlichen Jugendhilfe direkt vorgenommen. Dabei wird auf Beschäftigte der örtlichen Jugendämter und gegebenenfalls anderer Verwaltungseinheiten zurückgegriffen. Neben der Möglichkeit der Vollzeitanstellung kommen in der Praxis auch Teilzeitverträge zum Einsatz. Das Aufgabenprofil beinhaltet die Fachberatung und die Erteilung und Kontrolle der Betriebserlaubnis. Die Beratung orientiert sich häufig an dem regionalen Zuschnitt der Kommunen und Gemeinden. Sie bedient in erster Linie die Einrichtungen in kommunaler Trägerschaft.

Freie Träger

Die Fachberatung wird durch den eigenen freien Rechtsträger für dessen Einrichtungen und Untergliederungen durchgeführt. Das kann durch einen Spitzenverband der Freien Wohlfahrtspflege, den Träger einer Kindertageseinrichtung, der als Verein, gemeinnützige Gesellschaft oder Stiftung organisiert ist oder einen externer Anbieter mit einer Dienstleistungsfunktion geschehen. Beratung und Unterstützung stehen allen in der freien Trägerschaft organisierten Einrichtungen und Erzieher/innen zu. Das Aufgabenprofil kann auch die Fachaufsicht über die angestellten pädagogischen Fachkräfte – zumindest der Leitungen – mit dienstrechtlichen Eingriffsmöglichkeiten wie beispielsweise die Dienstplangestaltung, Genehmigung der Urlaubsanträge und andere Personalaufgaben beinhalten.

Organisationsform der Fachberatung

Bei der Organisation einer Fachberatung stellt sich immer zuerst die Frage, wie die Fachberatung in eine Gesamtorganisation – Jugendamt oder freier Träger – eingebunden ist. Wer zuständig und wer verantwortlich ist, hängt davon ab, ob die Fachberatung eine Stabsfunktion hat, in eine Linienfunktion eingebunden ist, beide Formen der Arbeitsverrichtung einsetzt oder einer Dienstleistungsfunktion folgt. Festgelegt wird die Form der Organisation in einer Satzung und spiegelt sich in den Arbeitsverträgen der Mitarbeiter/innen einer Fachberatung wieder.

Stabsfunktion
Eigenverantwortliche Vorbereitung der Linienentscheidung aufgrund von Spezialwissen; keine Weisungsbefugnis gegenüber der Linie. Es gibt Stäbe auf allen Ebenen der Hierarchie. Dabei haben Stäbe im arbeitsteiligen Sinne eine eigene hierarchische Ordnung. Stäbe führen nicht. Die Linienfunktion ist frei, das Ergebnis der Stabsarbeit zu akzeptieren oder zu verwerfen.

Hat die Fachberatung keine Stabsfunktion, kann sie nur auf Anordnung hin arbeiten, hat sie Stabsfunktion, ist sie für die Durchführung von beratenden, unterstützenden und überwachenden Tätigkeiten verantwortlich und untersteht unmittelbar der Geschäftsführung oder der Leitung. Bei einer Mischform dieser beiden Funktionsformen ist es erforderlich, in einer Matrix die fachlichen und disziplinarischen Zuständigkeiten darzustellen, weil es ansonsten zu starken Rollenkonflikten innerhalb der Organisation kommen kann. Dienstleistungsfunktionen können sowohl in der Stabs- als auch in der Linienfunktion zur Verfügung gestellt werden und die eigenverantwortliche Erfüllung eines Dienstauftrages steht im Mittelpunkt bei der Verrichtung der Aufgaben. Dienstleistungsfunktionen können in einem hohen Maße den Organisationserfolg verursachen, haben aber keinen maßgeblichen Einfluss auf die Organisationsziele und können auch von externen Leistungserbringern ausgeführt werden.

> **Linienfunktion**
> Hier sind im Rahmen der Arbeitsteilung und des hierarchischen Ranges Verantwortung, Entscheidung und Kontrolle vereint. Das Ausmaß beziehungsweise die Grenzen richten sich nach dem Grad der Delegation der Verantwortung. Die Entscheidungsfindung wird ggf. durch Stäbe vorbereitet, die von der Linie Aufträge entgegennehmen und von ihr informiert werden.

Deutschland steckte in den 60er-Jahren schon einmal in einer »Bildungskrise«. In Berlin war 1975 die Antwort darauf die Einrichtung von Kindertagesstätten-Beratungsstellen, weil man den Kindergarten als einen Bestandteil des Bildungssystems ansah. Es entstand dadurch in Berlin ein Netz von Beratungs- und Fortbildungsangeboten, das Beate Irskens – Fachfrau für Fachberatung in Kindertagesstätten – »Berliner Modell« getauft hat und das als solches in Fach- und Fachberatungskreisen bekanntgeworden ist.

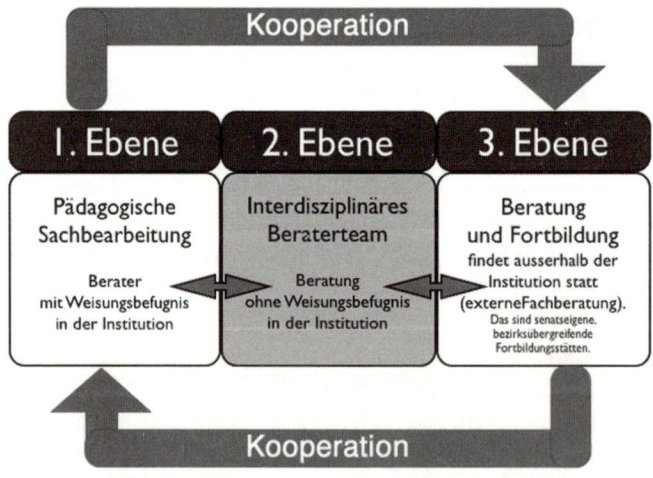

Abb. 1: Das Berliner Modell

Das Berliner Modell ist ein dreiteiliges Angebotsnetz für den Kindertagesstättenbereich. Stabsfunktion, Linienfunktion und gemischte Stabsfunktionen stehen gleichberechtigt nebeneinander und ergänzen sich. Dadurch existiert nicht nur die Delegation der reinen Beratung (Stabsfunktion) oder die Delegation der Fach- und Dienstaufsicht und die Delegation der Beratung (Linienfunktion), sondern auch eine Mischform dieser beiden ersten Formen. Häufig werden die Begriffe interne und externe Fachberatung verwendet. Die interne Fachberatung einer Kommune, Stadt oder der freien Träger kann Stabsfunktion oder Linienfunktion haben. In den Modellen, in denen die Stabsfunktion auch die Fachaufsicht hat, ist der Spagat, den die Fachberatungskraft machen muss, besonders groß. Durch externe Fachberatung wird eine nicht ausreichende interne Fachberatung ergänzt.

Die externe Fachberatung hat eine Dienstleistungsfunktion und kann eine zeitlich begrenzte Aufgabe des externen Anbieters übertragen bekommen, um Engpässe zu überbrücken. Sie kann aber auch im Sinne des Subsidiaritätsprinzips die Auslagerung eines in sich geschlossenen Arbeitsauftrags sein, der immer wieder für freie Träger ausgeschrieben wird.

Das Berliner Modell ist heute in Fachkreisen keineswegs durchgehend bekannt und könnte durch eine erneute Verbreitung die Probleme der Fachberatungsstellen – eingeklemmt zwischen Dienst- und Fachaufsicht – bewusst machen. Die rein fachliche Beratung kann nochmals unabhängig von ihrer organisatorischen Einbettung unter dem Aspekt ihres gesetzlichen Auftrages überdacht und handlungsfähig gestaltet werden.

Dienstleistungsfunktion
Eigenverantwortliche Erfüllung des jeweiligen Dienstauftrages. Sie steht Linie und Stab zur Verfügung. Von der Erfüllung ihres Dienstauftrags kann der Erfolg der Aufgabe im hohen Maß abhängen, auf die Ziele der Fachberatungsstelle haben sie allerdings keinen richtungsweisenden Einfluss. Ihre Funktion kann von externen Leistungsträgern ausgeführt werden.

Damit Fachberatung für die Kindertageseinrichtungen einen optimalen Multiplikationseffekt für die neuen Erkenntnisse im frühkindlichen Bereich bewirken kann, ist es wichtig, dass die Fachberatung sich ihrer Aufgabe für den frühkindlichen Bildungsprozess bewusst ist, alle tätigen Fachkräfte für Kindertageseinrichtungen erreicht und ressourcenorientiert die vorhandenen Kräfte in der Kommune nutzt. Mit einem fachlichen Konzept, welches die Aufgaben, die Zielgruppe, die Ziele, die Organisationsform und die Vernetzungsstruktur der Fachberatung nennt, gelangt zum einen mehr Transparenz in eine teilweise noch sehr unbekannte Aufgabe in den Kommunen und entsteht zum anderen ein klareres Selbstverständnis der Fachberater/innen.

Die jeweiligen kommunalen Begebenheiten und konkreten Bedarfslagen erschweren eine einheitliche Tätigkeitsbeschreibung der Fachberatung. Es gibt auch nur vereinzelt trägerspezifische Beschreibungen der Aufgaben und Funktionen von Fachberatung, die sich auf die Praxis beziehen.

Ohne aktuelle Informationen ist die Beratung nicht möglich und ohne Beratung, in der Fragen und Anforderungen formuliert werden, ist keine klientenbezogene Informationsaufbereitung möglich.

Zur Informationsarbeit gehört das Erschließen, Aufbereiten und Aktualisieren der für Kindertageseinrichtungen wichtigen Themen. Das sind aktuelle Rechtsfragen, die Weitergabe aktueller Fachinformationen zu Betreuung, Erziehung und Bildung, wichtige Kontaktadressen und Informationsveranstaltungen. Berater/innen einer Fachberatungsstelle für Kindertageseinrichtungen sammeln Informationen, welche bundesweit, landesspezifisch, für die Kommune und für die Organisation, in die er/sie eingebunden ist, relevant und wichtig sind. Die Informationen werden nach dem Bedarf für die verschiedenen Klienten der Beratung sortiert und zusammengestellt. In der Beratungsarbeit werden diese aufbereiteten Informationen genutzt und den Klienten zur Verfügung gestellt. Fragen und Anforderungen, die aus dem Beratungsprozess entstehen und durch die zur Verfügung stehenden Informationen nicht beantwortet werden können, werden Grundlage für die weitere Informationsarbeit der Beratungsaufgabe.

Klientenbezogene Beratung versteht sich immer im Prozess zwischen Aktualisierung des Informationsbedarfs und der Beratung selbst.

> Ein *Klient* im klassischen Sinn ist »eine Person, die sich im Feld pädagogischer Praxis einem Berater ... anvertraut« (Horst Schaub/Karl G. Zenke).
> Im modernen Sinn versteht man unter »Klient« den »Auftraggeber« oder auch »Kunden«, den Adressaten einer pädagogischen Dienstleistung (Franz Stimmer).

Die Personen – Klienten –, welche die Fachberatung aufsuchen, sind Erziehungsberechtigte, Erzieher/innen, Leitungen von Kindertageseinrichtungen und Organisationen, die die Kindertageseinrichtungen nutzen, unterstützen oder ausbauen wollen. Ein allgemeiner Beratungsbedarf besteht, wenn wenig über die Arbeit der Kindertageseinrichtungen bekannt ist oder eine Person sich über das Angebot der Kindertageseinrichtungen informieren will. Spezielle Fragen der Vermittlung eines Kindes oder die Klärung bei Konflikten gehören bereits in den Bereich der Vermittlungs- und der Begleitungsarbeit einer Fachberatung.

Antworten auf immer wiederkehrende Fragen können in einem Flyer für die verschiedenen Klientengruppen zur Verfügung gestellt werden. In einen solchen Flyer gehören Antworten, die sich nicht sehr schnell ändern oder überholt haben. Individuelle und fallbezogene Antworten gehören in die individuelle Einzelberatung. Je mehr allgemeine Informationen in einem Flyer oder einer Broschüre vorliegen, desto mehr Zeit bleibt bei der persönlichen Einzelberatung für individuelle Fragen und eine klientenbezogene Vorgehensweise. Durch den Ausbau der Betreuungsplätze für Kinder unter 3 hilft ein Flyer die Arbeit zu erleichtern, wenn es darum geht, aktuelle Änderungen und Informationen breit zu streuen.

Die Vermittlung von Betreuungsplätzen ist ein von der Beratung unabhängiger Arbeitsschritt, sollte jedoch die Informationen der Beratung nutzen, um eine passgenaue Vermittlung sowohl für die Eltern mit ihren Kindern als auch für die Kindertageseinrichtungen zu ermöglichen. Je zufriedener die einzelnen Parteien miteinander sind, desto leichter können sie anstehende Probleme möglichst eigenständig lösen. Die in eine gute Erstberatung und Vermittlung investierte Zeit zahlt sich meistens durch stabile und gute Betreuungsverhältnisse aus. In der Vermittlungsarbeit wird der Elternbedarf in Bezug auf Betreuungsplätze ermittelt.

Der Vermittlungsprozess kann erschwert werden,
- wenn eine höhere Nachfrage nach Betreuungsplätzen existiert als geeignete Plätze vorhanden sind,
- wenn es mehr Betreuungsplätze gibt als in Anspruch genommen werden,
- wenn die lokale Wohnverteilung von Personensorgeberechtigten und Kindertageseinrichtungen ungünstig ist, sodass zu lange Wegstrecke zum Betreuungsplatz erforderlich sind,
- wenn ausreichend viele Betreuungsplätze existieren, eine passgenaue Vermittlung aber bei den interessierten Personensorgeberechtigten nicht möglich ist,
- wenn vermittelte Betreuungsverhältnisse trotz guter Beratung nicht gelingen,
- wenn es aufgrund der Arbeitssituation in den Familien zu vielen Umzügen und Änderungen im Betreuungsverhältnis kommt,
- wenn Personensorgeberechtigte sich für mehrere Betreuungsplätze in verschiedenen Betreuungsformen anmelden um gesichert einen Betreuungsplatz für ihr Kind zu erhalten.

Die Verteilung von Plätzen und das Zustandekommen von Betreuungsverhältnissen können mit einem von der europäischen Union geförderten Programm »Little Bird« leicht sichtbar gemacht werden.

»Little Bird« ist eine Software für ein Suchportal, das individuell einsetzbar Betreuungsplätze in einer Kommune verwaltet. An Betreuungsplätzen interessierte Eltern können ihre Wünsche eingeben, sich bei verschiedenen Betreuungsangeboten als Interessierte melden und durch einen abgeschlossenen Vertrag im System als vermittelt gekennzeichnet werden. Dadurch ist eine unmittelbare Transparenz noch freier Betreuungsplätze möglich. Kindertageseinrichtungen können ihr Angebot in dem Programm für Eltern sichtbar und bei Belegung eines Platzes diesen im System kenntlich machen.

Dadurch entsteht eine hohe Vermittlungstransparenz für alle Beteiligten. Durch die Vergabe von Zugriffsrechten sind die Daten sowohl vor Fremdzugriff als auch Datenmissbrauch geschützt.

2011 erhielt die Stadt Heidenau für den Einsatz dieses Suchportals für Betreuungsplätze den EPSA – European Public Sector Awards. – Das Projekt der europäischen Kommission zeichnete Heidenau für die innovative Arbeit in der Kategorie: »Förderung des öffentlichen Bereichs durch gemeinschaftliches Regieren« aus für die »Einführung in die interaktive Suche, Bereitstellung und den Verwaltungsablauf im Jugendhilfebereich«.

Dem Suchportal liegt die Software von »Little Bird« zugrunde, das durch die Europäische Union und den europäischen Fond für regionale Entwicklung gefördert wird.

Qualifizierung

Für die umfangreichen Arbeiten im Bereich der Fachberatung ist eine regelmäßige Qualifizierung der Fachberatungskräfte sehr wichtig. Gesetzlich ist das in § 72 des achten Sozialgesetzbuches geregelt.

> **§ 72 Mitarbeiter, Fortbildung**
> (1) Die Träger der öffentlichen Jugendhilfe sollen bei den Jugendämtern und Landesjugendämtern hauptberuflich nur Personen beschäftigen, die sich für die jeweilige Aufgabe nach ihrer Persönlichkeit eignen und eine dieser Aufgabe entsprechende Ausbildung erhalten haben (Fachkräfte) oder aufgrund besonderer Erfahrungen in der sozialen Arbeit in der Lage sind, die Aufgabe zu erfüllen. Soweit die jeweilige Aufgabe dies erfordert, sind mit ihrer Wahrnehmung nur Fachkräfte oder Fachkräfte mit entsprechender Zusatzausbildung zu betrauen. Fachkräfte verschiedener Fachrichtungen sollen zusammenwirken, soweit die jeweilige Aufgabe dies erfordert.
> (2) Leitende Funktionen des Jugendamts oder des Landesjugendamts sollen in der Regel nur Fachkräften übertragen werden.
> (3) Die Träger der öffentlichen Jugendhilfe haben Fortbildung und Praxisberatung der Mitarbeiter des Jugendamts und des Landesjugendamts sicherzustellen.

Der Multiplikatoreffekt für den frühkindlichen Bildungsbereich kann durch qualifizierte Mitarbeiter/innen in der Fachberatung qualitativ gut gesteuert werden. Regelmäßige Fort- und Weiterbildungen und praxisnahe Themen bei Fachtagungen unterstützen die Mitarbeiter/innen der Fachberatungsstellen in ihrer Entwicklung hin zur Bildungsbegleitung.

»Am System anstatt nur im System arbeiten«

Ilse Wehrmann im Gespräch mit der Autorin

»Bildung ist die wichtigste Ressource unseres Landes, die es uns ermöglicht, auch in Zukunft wettbewerbsfähig zu bleiben. Bildung beginnt nicht erst mit dem Eintritt in die Schule, sondern von Anfang an: mit der Geburt.« Ilse Wehrmann setzt sich in ihrem Beratungsunternehmen für diese gesellschaftliche Aufgabe ein, gute Bedingungen für den frühkindlichen Bereich zu schaffen. Zum Thema »Fachberatung« befragt, ist ihr Folgendes wichtig.

Frau Wehrmann, sie beraten und begleiten wirtschaftlich geförderte Einrichtungen mit Kindern im Vorschulbereich. Was unterscheidet Ihre Fachberatung von denen der öffentlichen und freien Träger?
In der Wirtschaft sind die Betreiber der Einrichtungen für die Fachberatung zuständig, Wehrmann Education Consulting setzt durch seine Beratungsleistung den Standard und nimmt über die Vertragslage Einfluss auf die qualitativen Standards für die pädagogische Beratung und die Aufbauberatung, damit diese auch stattfinden. Fach-

beratung hat bei Trägern einen hohen Stellenwert, ist aber ansonsten immer noch ein Stiefkind, welches man als solches nicht wirklich wahrnimmt.

Wie kann ich mir eine solche Einflußnahme vorstellen?
Wenn wir ein pädagogisches Konzept für neue Einrichtungen schreiben, gehört auch eine Aufbauberatung und eine Qualifizierung des Personals der Einrichtung dazu. Was der Betreiber nachher fachlich umsetzt, ist allerdings auch ihm überlassen.

Frau Wehrmann, sie haben bis 2007 als Abteilungsleiterin des Landesverbandes Bremen der evangelischen Tageseinrichtungen für Kinder gearbeitet. Ihnen sind dadurch die Anforderungen an öffentlich geförderte und wirtschaftlich geführte Fachberatungsstellen bekannt. Was fehlt, um bundesweit unabhängig von der Finanzierungsform ein gemeinsames Verständnis von Fachberatung für den frühkindlichen Bereich zu bekommen und entsprechende Standards für diese Berufsgruppe zu setzen?
Wir kommen nicht zu einer wirklichen Reform und zur praktischen Umsetzung der Bildungspläne, weil nicht klar ist, welche Aufgabe Fachberatung wirklich hat. Wir brauchen einen Personalschlüssel, der das Verhältnis Kinder zu Fachberatungskraft und nicht das Verhältnis Einrichtung zu Fachberatung abbildet. Die Fachberatungsprozesse müssen von der Steuerungs- und Aufsichtsfunktion getrennt werden, dass ist aus meiner bisherigen Erfahrung sehr wichtig. Die Praxis ist in einigen Bereichen weiter als die Fachberatung, weil diese mit Verwaltungsaufgaben eingedeckt wird und so eine inhaltliche Begleitung der Praxis nicht passieren kann. Pädagogische Beratung müsste als eigenständige Beratungsleistung installiert werden. Meiner Meinung nach wird die Praxis zu sehr allein gelassen. Es gibt keine Vernetzung zwischen Ausbildung und Praxis der Fachberatung. Fachberatung hat zudem in Deutschland keine politische Kultur. Sie hat noch nicht einmal ein einheitliches Berufsbild. Das ist ein deutsches Manko. Bildungspläne lassen sich so nicht umsetzen.

Ein weiterer Aspekt ist, dass vorbeugende Beratung nicht stattfindet. Prävention ist dadurch nicht möglich und Fachberatung kann ihrer eigentlichen Aufgabe der Unterstützung dann nicht nachkommen. Es wird reagiert, wenn das »Kind bereits in den Brunnen gefallen« ist. Dadurch wird Krisen- und Konfliktmanagement betrieben, aber keine pädagogische Unterstützung der Betreuungskräfte, um Krisen und Konflikte bereits im Ansatz zu erkennen und aufzulösen. In solchen Zusammenhängen nach Hilfe zu rufen, hinterlässt einen Eindruck von Unvermögen, weshalb eine Änderung schwer ist. Es gibt keine Vorstellung einer idealtypischen Fachberatung, an der man sich orientieren könnte.

Was wird ihrer Meinung nach benötigt, um die Situation insgesamt zu verbessern?
Hauptnotwendigkeiten für die Fachberatung sind:
- Eine Verbindlichkeit in den Aufgaben und Aussagen der Fachberatung muss hergestellt werden.
- Berufsbild und Aufgaben der Fachberatung müssen beschrieben werden und
- die organisatorische, finanzielle und inhaltliche Unterstützung der Fachdienste muss gewährleistet sein.

Da, wo ich beim Ausbau von betrieblichen Einrichtungen verantwortlich bin, fordere ich ein verbindliches Fachberatungskonzept, was von den zu beratenden Auftraggebern so akzeptiert wird.

Wichtig ist auch, wer in den Betreuungseinrichtungen für Teamprozesse zuständig ist und dementsprechend seitens der Fachberatung die Verantwortung für Gruppenprozesse hat, damit gemeinsam Verbesserungen angegangen und umgesetzt werden können.

Das heißt: Hier gibt es noch jede Menge zu tun. Pädagogische Qualität entsteht nicht zufällig, sondern durch erfahrene und gut ausgebildete Fachberater/innen.

Frau Wehrmann, ich bedanke mich ganz herzlich für das Interview. Wenn Sie sich etwas für die Fachberatung zum Schluss wünschen könnten, was wäre das?
Ich wünsche mir, dass nicht nur im System Fachberatung, sondern auch am System gearbeitet wird.

4 Konzeptarbeit für die Fachberatung

- Zielformulierungen
- Ziele
- Phasen einer Konzeptentwicklung
- Konzeptrahmen
- Konzeptaufbau
- Passgenaue Konzepte
- Konzept Schmalkalden-Meiningen

Die Begriffe »Konzept« und »Konzeption« werden im allgemeinen Sprachgebrauch meist synonym verwendet. Hiltrud von Spiegel nutzt den Begriff Konzept für »veröffentlichte Entwürfe von Handlungsplänen oder Wirkzusammenhängen, die hypothetischen Charakter haben« und grenzt Konzeptionen davon ab, indem sie diese als Bestimmungen und Pläne eher örtlicher und institutioneller Spezifika von Einrichtungen und Projekten der Kinder- und Jugendarbeit versteht. Dadurch wird die Konzeption zur praktischen Umsetzung von Konzepten.

Zielformulierungen

Damit bereits die Arbeit an Konzepten von Anfang an praxisorientiert bleibt, ist es wichtig, von allgemeinen Zielvorstellungen zu konkret umsetzbaren Zielformulierungen, deren Erfüllung auch nachweisbar wird, zu gelangen. Mit Hiltrud von Spiegel gedacht, könnte die Fachberatung die Konzepte entwickeln, welche die Konzeptionen in der Praxis ermöglichen. Der dabei entstehende Prozess zwischen Theorie und Praxis sollte als ein ko-konstruktiver Prozess verstanden werden, in dem sich Theorie und Praxis gegenseitig ergänzen, beeinflussen, verändern und weiterentwickeln. Lernen geschieht in der Ko-Konstruktion durch Zusammenarbeit.

> Ko-Konstruktion als pädagogischer Ansatz bedeutet, dass Lernen durch Zusammenarbeit stattfindet. Fachberater/innen und Fachkräfte konstruieren durch soziale Interaktion gemeinsam Bildung. Fachkräfte zeigen dabei Fachberater/innen ihre Praxissituation und ihre aktuelle Situation. Fachberater/innen informieren über die neuesten

Erkenntnisse zur Bildungsarbeit im vorschulischen Bereich. Aus dieser Konstruktion ergibt sich für beide etwas Neues.

Auf die Fachberatung angewandt bedeutet dies, dass die Beratung von den praktischen Problemen im Kindertagesstätten-Alltag lernt und Lösungen entwickelt. Fachberatung wird an dieser Schnittstelle zum Multiplikator von praxistauglichen Lösungen. Verschiedene Vorgehensweisen und unterschiedliche Methoden helfen der Fachberatung, ihre vielfältigen Aufgaben zu bewältigen. Ein praxistaugliches Konzept schafft es, diese für die jeweils betroffenen Beteiligten transparent und verständlich zu machen.

Wichtige Aufgaben der Fachberatung für Kindertageseinrichtungen:
- Pädagogisches Personal qualifizieren und beraten,
- Qualitätsleitlinien und pädagogische Konzeptionen erarbeiten,
- Qualitätsentwicklungsprozesse initiieren und unterstützen,
- Kindertageseinrichtungen professionalisieren,
- Zugang zu passenden Bildungsangeboten schaffen,
- Beratung und Moderation bei Fort- und Weiterbildungen,
- Gestaltung und Durchführung von Fort- und Weiterbildungen sowie Arbeitskreisen,
- Unterstützung beim Austausch und der Kommunikation der pädagogischen Fachkräfte.

Eine Konzepterstellung ist dem Bauen eines Hauses sehr ähnlich. Ein tragfähiges Fundament und viele einzelne Bauteile lassen ein solides Konzept entstehen.

Konzept kommt von dem lateinischen »concipere«, was mit »erfassen« übersetzt werden kann. Ein Konzept beschreibt eine Grundvorstellung, die erste Fassung eines Textes oder einer Idee. Ein Konzept kann als eine Sammlung von Leitgedanken verstanden werden.

Ziele

Ein Konzept kann mehrere Zwecke erfüllen und aus unterschiedlichen Gründen entstehen. Die Gründe sollten schriftlich festgehalten werden. Während der Arbeit an einem Konzept kann der ursprüngliche Grund schon mal verlorengehen oder aus dem Blick geraten. Es ist dann sehr hilfreich, sich seiner anfänglichen Absichten nochmals vergewissern zu können. Welche Ziele sollen mit dem Konzept verfolgt werden?

Konzepte für die Bildungsarbeit können folgende Ziele haben:
- Informationen zum frühkindlichen Bildungsbereich recherchieren und strukturieren, um sie einem größeren Personenkreis zur Verfügung zu stellen,
- den aktuellen Kenntnisstand zum Bildungsthema dokumentieren,

- neue und kreative Ideen für die vorschulische Bildung festhalten,
- Entscheidungen für die Praxis in der Kindertageseinrichtung vorbereiten oder begründen,
- einen Auftrag für die Bildungsarbeit in der Kindertageseinrichtung formulieren,
- den Fachkräften in der Kindertageseinrichtung eine Grundlage für die Erstellung einer Bildungskonzeption zur Verfügung zu stellen,
- Einrichtungsleitungen und Fachkräfte in der Kindertageseinrichtung von neuem fachlichem Vorgehen überzeugen.

Ein inhaltliches Konzept, welches die Grundlagen des Bildungsverständnisses und deren Umsetzung in die Praxis beinhaltet, ist für die Unterstützung und Beratung der Kindertageseinrichtung wichtig. Für den Aufbau und die Organisation einer Fachberatungsstelle ist ein Struktur- und Organisationskonzept nötig, das die Zuständigkeiten und Abläufe einer Fachberatungsstelle abbildet. Die Konzepte können getrennt oder miteinander entwickelt werden. Da die fachliche Unterstützung der Kindertageseinrichtungen ein gesetzlicher Auftrag ist, sollte bei der getrennten Vorgehensweise eine inhaltliche – pädagogische – Konzepterstellung einer organisatorischen vorangehen. Die Organisation soll den zu beratenden Inhalten und der Förderung von Kleinkindern dienen. Da der Förderauftrag Betreuen, Erziehen und Bilden beinhaltet, ist es Aufgabe der Fachberatung, Kindertageseinrichtung Erzieher/innen und Einrichtungsleitungen in allen drei Bereichen qualitativ gut zu beraten. So gesehen könnten ein Betreuungs-, ein Erziehungs- und ein Bildungskonzept die Pfeiler eines inhaltlichen »pädagogischen« Konzepts bilden. Die Organisation einer Fachberatung sollte sich an dieser Aufgabe und der Erreichung von Förderzielen ausrichten. Die Erarbeitung eines Gesamtkonzeptes beinhaltet die Leitgedanken und Förderziele einer Fachberatung und sollte durch die Gesamtsicht auf das Konzept den Zusammenhang zwischen Inhalt und Organisation aufzeigen. Organisationen dienen immer einem inhaltlichen Auftrag und Ziel und sollten sich nicht davon losgelöst entwickeln.

Vor den ersten Schritten der eigenen Konzepterarbeitung ist es hilfreich, sich Konzepte anderer Fachberatungsstellen anzuschauen. Das hilft bei der Orientierung, welche Art und Form von Konzept zur eigenen Arbeit und den Aufgaben einer Fachberatungsstelle passt. Ein Blick über den Tellerrand zu Konzepten anderer Arbeitsgebiete aus dem Bereich der Wirtschaft oder der Technik kann viele strukturelle und organisatorische Anregungen geben.

Manche Menschen können sehr leicht Konzepte erstellen und scheinen das als eine natürliche Fähigkeit mitzubringen. Durch Übung kann diese Fähigkeit trainiert und mit jedem Konzept weiterentwickelt werden. Hinter häufig genannten Hindernissen wie: »Ich habe keine Zeit«, »Das ist viel zu viel, was da in das Konzept muss«, »Ich kann die Menge an Informationen gar nicht überblicken«, »Ich bin zu einfallslos für neue Lösungen« oder »Ich bin nicht gut im Schreiben« versteckt sich meist ein ganz anderes Problem: Die Benennung eines klar und präzise formulierten, nachvollziehbaren und vollständigen Ziels. »Benennen sie Ihr Ziel.« – Das ist viel schwerer, als man annehmen sollte. Häufig weiß man, was man nicht will. Zu formulieren, was man will, ist bedeutend schwieriger. Wenn das schriftliche Formulieren eines Ziels im Einvernehmen mit allen Beteiligten gelingt, dann ist das bereits ein sehr guter Erfolg.

▪ Ziele bezeichnen wünschenswerte zukünftige Zustände oder Verhaltensweisen.

Durch ein gut formuliertes Konzept bleibt das Wesentliche der Aufgabe jederzeit vor Augen.

Das hilft besonders dann, wenn die Menge der Informationen, Interessen und Aufgaben sehr umfangreich ist und man den Überblick zu verlieren droht. Durch die wiederholte Konzentration auf das eigentliche Ziel ist es möglich, sich immer wieder auf das Wesentliche auszurichten, ohne sich ablenken zu lassen.

Phasen einer Konzeptentwicklung

Die Arbeit an einem Konzept findet immer in fünf Phasen statt:
- Informationen recherchieren und im Brainstorming alle wichtigen Anliegen sammeln
- Eine Konzeptstruktur entwickeln, in die das nötige Informationsmaterial hineinpasst
- Erarbeitung des Konzepts unter Berücksichtigung der Rahmenbedingungen
- Rückmeldung aller vom Konzept Betroffenen
- Feinabstimmung und Endfassung des Konzeptes

Als Erfahrungswert kann gesagt werden, dass das Schreiben 20–40 % der Arbeit an einem Konzept ausmacht. Der Hauptteil der Arbeit liegt mit 60–80 % bei der guten und gründlichen Vorbereitung in Form des Zielbildungsprozesses, der Informationsbeschaffung, Gewichtung und nachfolgend der Strukturierung der Inhalte.

Um sich an die Erarbeitung eines Konzepts heranzutasten, hilft es, einen Fragenkatalog zu erstellen, beispielsweise diesen:

Erste allgemeine Fragen zur Orientierung
- Was wollen Sie durch die Fachberatung erreichen?
- Welchen Auftrag haben Sie als Fachberatung?
- Was wollen die Ratsuchenden von Ihnen?
- Was wollen speziell die Fachkräfte von Ihnen?
- Was will die Politik für die Kindertageseinrichtungen?
- Wo finden sich Widersprüche in Ihrer Arbeit?
- Wie kann man diese auflösen?
- Wer kann helfen?
- Wo finden Sie Beratung?
- In welche Organisationsform ist die Beratung eingebunden?

Dieser Fragenkatalog kann individuell weitergeführt und je nach Bedarfslage verfeinert werden. Bei sehr komplexen Strukturen macht es Sinn, Fragen von allen Beteiligten zu sammeln, um von Anfang an alle Interessen und Sichtweisen auf die Fachberatungsarbeit zu berücksichtigen.

Die ersten allgemeinen Fragen führen zu ersten Antworten und zur Klärung, was in der Fachberatung gebraucht wird und was erreicht werden soll. Alles wird gesammelt und offene Fragen werden festgehalten. Das ist der erste Schritt zur Informationssammlung, bevor das Konzept entworfen wird.

Fragen zur Fachberatungsstelle
a) Zielgruppe und Beratungsbedarf
- Was sind die Kernaufgaben der Fachberatung?
- Was sind die Zielgruppen der Fachberatung?
- Welcher Beratungsbedarf existiert bei den Zielgruppen?
- Gibt es spezielle Leistungsangebote in der Fachberatungsstelle?
- Sind diese als solche ausgewiesen und bekannt?
- Wie und wodurch wird ein Wandel im Beratungsbedarf wahrgenommen?
- Wie wird auf eine Änderung des Beratungsbedarfes reagiert?
- Wer nutzt wie häufig die Fachberatung?
- Sind die Fachberatungsgründe sehr unterschiedlich?
- Welche immer wiederkehrenden Fachberatungsanlässe gibt es?

b) Fachliches
- Welche fachlichen Voraussetzungen gibt es für die Fachberatung?
- Gibt es bereits ein Fachberatungskonzept?
- Wer ist für ein solches Konzept verantwortlich?
- Wer erstellt das Fachberatungskonzept?
- Wie und wann wird dieses aktualisiert?
- Was ist Bildung im frühkindlichen Bereich aus Sicht der Fachberatung?
- Wie soll Bildung umgesetzt werden?
- Wie werden Fachkräfte der Fachberatung aus- und weitergebildet?
- Wie werden Fachkräfte für die Fachberatung vorbereitet und kontinuierlich weitergebildet?
- Was sind die Voraussetzungen für die Einstellung in der Fachberatung?

c) Organisatorisches
- Wie viel Arbeitszeit wird auf die Kernaufgabe der Fachberatung verwendet?
- Welche Aufgaben, die ausgeführt werden, behindern die Kernarbeit?
- Welche Organisationsform hat die Fachberatungsstelle?
- Wem berichten die Mitarbeiter/innen der Fachberatungsstelle?
- Wer ist wem gegenüber weisungsbefugt?
- Wird die Fachberatung in einzelnen Arbeitsbereichen unterstützt?
- Können Aufgaben der Fachberatung ausgelagert werden?

d) Vernetzung
- An welche Stellen wird bei Problemen jenseits der definierten Fachberatungsaufgaben verwiesen?
- Mit wem ist die Fachberatungsstelle vernetzt?
- Wie erfolgt kollegiale Beratung?

e) Finanzielles
- Welche Mittel stehen der Fachberatung zur Verfügung?
- Über wie viel Personalzeit verfügt die Fachberatungsstelle?
- Welche Gelder stehen der Fachberatungsstelle regelmäßig zur Verfügung?
- Welche Gelder stehen der Fachberatungsstelle unregelmäßig zur Verfügung?
- Welche externen Mittel sind zusätzlich nutzbar?
- Gibt es Fördermittel, die der Fachberatung zur Verfügung stehen?
- Welche Möglichkeiten gibt es Geldmittel einzuwerben?

f) Öffentlichkeitsarbeit
- Wie bekannt ist die Fachberatungsstelle?
- Ist die Fachberatung bei der Zielgruppe der Fachberatung bekannt?
- Wie wird die Fachberatungsstelle von Ratsuchenden gefunden?
- Welche Anlässe führen zu einer Kontaktaufnahme mit der Fachberatungsstelle?

g) Fort- und Weiterbildung
- Wo und wie erhalten Mitarbeiter der Fachberatungsstelle selber Fachberatung?
- Wie wird das Wissen zu den Kernaufgaben der Fachberatungsstelle aktualisiert?
- Wo und wie nehmen Mitarbeiter der Fachberatungsstelle an Fort- und Weiterbildung teil?

h) Qualitätsaspekte
- Wie wird die Wirksamkeit der Beratung gemessen?
- Wie zufrieden ist die Zielgruppe mit der Fachberatung?
- Wann und wie werden Arbeitsabläufe geändert?
- Wie wird mit Verbesserungsvorschlägen umgegangen?
- Existiert ein Vertretungssystem für Mitarbeiter der Fachberatung?
- Was wird zur Verbesserung der Arbeitsabläufe unternommen?
- Gibt es eine Dokumentation der Arbeitsabläufe und Zuständigkeiten?

Dieser Fragenkatalog kann beliebig erweitert werden. Jede Fachberatungsstelle wird ihre eigenen spezifischen Fragen haben, die mal mehr und mal weniger relevant für die Arbeit in der Beratungsstelle sind.

Ein Konzept für die Fachberatung gibt die fachliche Grundlage, die Zielrichtung, wieder, nennt die beteiligten Personen, deren Aufgaben und Organisationsformen und stellt die finanziellen Perspektiven dar. Der folgende Rahmen für ein Konzept macht es möglich, ein individuell passendes Konzept zu entwickeln, indem zu den einzelnen Punkten des Rahmens die vor Ort aktuelle Vorgehensweise beschrieben wird.

Ziele in der Fachberatung für Kindertageseinrichtungen können sein:
- Förderung des Sozial- und Lernverhaltens,
- Aktive Unterstützung beim Verstehen des Förderauftrages zur Betreuung, Erziehung und Bildung,
- Vermittlung eines zeitgemäßen Bildungsverständnisses,
- Förderung interkultureller Kompetenz,
- Förderung zunehmender Selbstverantwortung und Mitbestimmung,
- Kompensation von Benachteiligung,
- Verbesserung der Vereinbarkeit von Familie und Beruf,
- Ausbau qualitativ guter Kinderbetreuung im U3-Bereich.

Konzeptrahmen

Ein umfassendes Konzept für Fachberatung für Kindertageseinrichtungen gliedert sich zweckmäßig in sieben Bereiche, denen bei Bedarf weitere Punkte angefügt werden können:
- Vorwort
- Grundannahme
- Fachliches Konzept
- Organisationskonzept
- Finanzkonzept
- Hilfreiche Materialien
- Zuständigkeiten und Ansprechpersonen

Drei Konzepte bilden das Gesamtkonzept der Fachberatung. Das fachliche Konzept beschäftigt sich mit dem Auftrag der Fachberatungsstelle, dem Bild vom Kind, den Bildungsaufgaben für den frühkindlichen Bereich und der Methodenwahl, um diese Aufgaben umzusetzen. Das organisatorische Konzept stellt den Aufbau der Fachberatung mit ihren Organisationsstrukturen, Zuständigkeiten, Kooperationen und Leistungen dar. Das finanzielle Konzept stellt den Finanzierungsrahmen dar, durch den die Leistungen der Fachberatungsstellen finanziert werden sowie die mittel- bis langfristige Planung für die finanzielle Weiterentwicklung der Fachberatungsstelle.

Für eine Fachberatungsstelle sind alle drei Konzepte wichtig, auch wenn sie nicht immer alle erstellt werden. Von der Organisationsform des Trägers, bei dem die Fachberatungsstelle angesiedelt ist, hängt ab, wie viel Transparenz intern und extern besteht. Je mehr Transparenz existiert, desto leichter lassen sich finanziell oder organisatorisch begründete Änderungen, die nicht selten fachlichen Aufgabenstellungen widersprechen, erklären.

Gliederung

Vorwort
- Ziel, Sinn, Zielgruppe, Verwendungszweck, Verfasser

Grundannahme
- Welche fachliche, gesellschaftliche, politische Haltung liegt zugrunde?
- Leitbild und Ziele

Fachliches Konzept
- Formen und Inhalte
- Gegenstand
- Zielgruppe
- Methoden (Einzelfallberatung/Teamberatung/Dreiergespräche etc.)
- Angebote
- Aufgabenbereiche

Organisatorisches Konzept
- Organisation
- Personalausstattung
- Arbeitszeitverteilung
- Arbeitsplatzbeschreibung
- Zuständigkeiten
- Weisungsbefugnis
- Berichtswesen
- Vertretungsregelungen
- Materialausstattung
- Anschaffungen
- Schnittstellen zu anderen Trägern
- Aufgaben anderer Träger
- Vertragsgrundlagen
- Fortbildung
- Informationsveranstaltungen
- Öffentlichkeitsarbeit
- Prozessabläufe
- Qualitätssicherung und -entwicklung

Finanzkonzept
- Finanzielle Grundlage der Fachberatung
- Kostenstellen
- Abrechnungen
- Finanzberichte
- Finanzakquise

Hilfreiche Materialien
- Vorlagen
- Verträge
- Vereinbarungen
- Literatur
- Links
- Adressen

Zuständigkeiten und Ansprechpersonen
- Organigramm aller in der Fachberatung Tätigen und für sie Verantwortlichen
- Verteilerübersicht für die verschiedenen Personenkreise, sortiert nach Informationsniveaus.
  Personen werden (entweder ... oder/sowohl ... als auch):
  - grundsätzlich über alles informiert,
  - in Kenntnis gesetzt,
  - um Kommentar gebeten,
  - um Entscheidung gebeten,
  - zur Rechenschaft gezogen,

Auf den ersten Blick kommt dem Organisationsaspekt von Fachberatung ein maßgeblicher Teil zu, sodass der Eindruck entstehen kann, dass die anderen Bereiche im Aufgabenspektrum der Fachberatung eine geringere Bedeutung haben.

Das täuscht. Je eindeutiger die Organisationsform als Hilfsmittel formuliert ist, desto mehr Zeit bleibt für die fachlichen Aufgaben. Die fachliche Aufgabe einer Fachberatung sollte durch gute und eindeutige Organisationsprozesse unterstützt und verbessert werden. Fachberatungsstellen werden immer Schnittstellen zu anderen Organisationseinheiten haben, an denen viel Zeit für Abstimmungsprozesse und Zuständigkeitsklärungen verlorengeht, wenn diese nicht klar und eindeutig im Konzept formuliert sind. Bei Unstimmigkeiten lassen sich mit einem gut ausformulierten Konzept die Zuständigkeiten eindeutig klären. Organisationsformen, die von der fachlichen Arbeit ablenken oder diese sogar erschweren, sind wie Werkzeuge, die man pflegt, aber nicht passgenau anwendet. Organisation ist und bleibt das Werkzeug für gute fachliche Arbeit. Wenn sie mehr Zeit und Raum einnimmt als die eigentliche fachliche Aufgabe, muss sie neu überdacht werden.

Eine gute Organisationsform unterstützt zeitlich die fachlichen, stets aktuellen Aspekte einer Fachberatung, damit diese ihre Arbeit qualitativ gut machen kann. Das Fachliche kann sich in einem guten Organisationsrahmen weiterentwickeln und damit die Zielgruppe der Fachberatung auch zeitgemäß unterstützen.

Das Finanzkonzept ist für die meisten Fachberatungsstellen vorgegeben und nicht frei planbar. Die Fachberatungsstelle bekommt eine feste Summe, mit der sie ihren Aufgaben nachkommen soll. Es ist für jede Fachberatungskraft wichtig, die finanziellen Ressourcen mit den personellen Ressourcen so nutzbringend zu verbinden, dass der fachliche Auftrag bestmöglich gewährleistet ist. Dazu sind Planungsschritte erforderlich wie das übersichtliche Zuordnen von Aufgaben und Finanzen, um den finanziellen Bedarf und seine Entwicklung Entscheidungsträgern gegenüber deutlich zu machen. Fachberatungen, die arbeitsrechtlich so eigenständig sind, dass sie Finanzen selber akquirieren können, brauchen für ihre Arbeit zudem ein internes Finanzakquise-Konzept.

Kein Träger muss sich allein an die Arbeit einer Konzepterstellung machen. In Facharbeitsgruppen können viele Aspekte angesprochen, diskutiert und erarbeitet werden.

Um ein Konzept zu erarbeiten, zu diskutieren und zu überarbeiten, sollte man bei beispielsweise sechs Treffen einer Facharbeitsgruppe im Jahr mit 12 bis 18 Monaten Gesamtzeit kalkulieren. Das Konzept muss von der Amtsleitung, dem Vorstand und bei einem öffentlichen Träger vom Rat der Stadt genehmigt werden. Das kann gerade bei Konsequenzen für den Haushalt auch längere Absprachen innerhalb einer Stadtverwaltung nötig machen. Es erleichtert die Arbeit an einem Konzept, wenn diese bei den später beteiligten Abteilungen schon von Anfang an bekannt gemacht wird.

Die obige Gliederung kann je nach Bedarf erweitert oder gekürzt werden. Ist eine Fachberatung bereits für die Kindertageseinrichtungen und Kindertagespflege zuständig, wird es einige Überschneidungen geben, die abhängig von der Menge zu der Entscheidung führen können, ein gemeinsames Konzept für beide Angebote zu machen. Der Rahmen der Konzepterstellung ist auch dann nutzbar, macht aber eine weitere Unterteilung für die Angebote der Kindertageseinrichtungen und der Kindertagespflege notwendig. Dass Fachberatungen *alle* Angebote im frühkindlichen Bereich beraten und unterstützen, ist in einzelnen Fällen bereits Arbeitsalltag. Die Unterschiede in den Angebotsformen machen bei der Konzeptplanung eine weitere Ausgestaltung und Unterteilung notwendig. Eine Fachberatungsstelle, welche die Kindertageseinrichtung und Kindertagespflege betreut, unterstützt den fachlich sinnvollen Aspekt der Fachberatung für den frühkindlichen Bildungsbereich. Kinder sollten unabhängig von der Angebotsform gleich gut betreut, erzogen und gebildet werden. Eine Fachberatung für den frühkindlichen Bereich kann durch ihre Konzepterstellung in die Richtung einer solchen qualitativ ausgerichtete Sichtweise wirken und die Synergieeffekte, die durch das Zusammenlegen der Angebotsformen im U3-Bereich entstehen, nutzen.

Konzeptaufbau

Auf dem Deckblatt sollten immer die Dokumentationsdaten des Konzeptes stehen, um es stets schnell erkennen, zuordnen und wiederfinden zu können.

Beispiel

Titel: Fachberatung für Kindertageseinrichtung in Stadt XYZ

Ziel:	Prozesstransparenz und -verbesserung für die Fachberatung Kindertageseinrichtung
Zielgruppe:	Fachkräfte des Jugendamtes XYZ, Fachkräfte der freien Träger im Bereich Kindertageseinrichtung, Dienstleistungsanbieter im Bereich Beratung, Vermittlung, Begleitung und Qualifizierung von Fachkräften in der Kindertagespflege
Verwendungszweck:	fachliche Arbeitsgrundlage für die internen und externen Dienste des Jugendamtes der Stadt XYZ im Bereich der Kindertagesbetreuung
Gültigkeit:	xx.xx.xxxx bis xx.xx.xxxx
Verfasser/in:	Martina Mustermann
Erstellungsdatum:	xx.xx.xxxx
Version:	2. überarbeitete
Ablage:	c:/dokumente/fachberatung/Konzepte/KITA.doc

Jede Seite des Konzeptes sollte in der Kopf- und Fußzeile die stets gleichen Informationen zu Verfasser/in und/oder Ansprechpartner/in für das Konzept, Titel, Ort der Ablage und Datum haben. Damit ist das Konzept stets inhaltlich und von seiner Aktualität einordbar und der oder die Verantwortliche für das Konzept sind identifizierbar, wenn Änderungen oder Fragen anstehen. Eine Versionsnummer des Konzepts ist für den internen Überarbeitungszeitraum sinnvoll, sollte aber bei der Endfassung nicht mehr auftauchen, da es ansonsten zu viel Verwirrung und Nachfragen führt, ob es sich um eine endgültige oder vorläufige Version handelt. Jede Seite in der vorläufigen wie in der endgültigen Version sollte eine fortlaufende Nummerierung aufweisen, damit Absprachen leicht und eindeutig möglich sind.

> Wenn drei Versionen eines Konzeptes von 100 Seiten quer durch den Raum wirbeln, sollte jede einzelne Seite beim Sortieren wieder richtig zugeordnet werden können und jede Konzeptversion in die richtige Reihenfolge gebracht werden können.

Das Vorwort

Der Sinn eines Konzeptes für die Fachberatung liegt darin, ihre Aufgaben und Betätigungsfelder transparent und bekannt zu machen und zu anderen Aufgabenfeldern abgrenzen zu können. Auf dem Deckblatt sollte schnell und übersichtlich deutlich werden, was der Gegenstand des Konzepts ist, für wen, wie lange und ab welchem Stichtag es gedacht ist und wo und wie es auffindbar ist.

Im Vorwort wird unmittelbar zu Anfang die Ausrichtung benannt: Welches Ziel hat das Konzept? Dient es zur Vorlage in Ausschüssen, um die Arbeit der Fachberatung schriftlich darzulegen oder soll es im Rahmen eines Qualitätssiegels allen Beteiligten und Interessierten zugänglich sein? Durch die Nennung des Ziels kann die Gewichtung der einzelnen Schwerpunkte (Fach-, Organisations- und Finanzkonzept) erheblich variieren.

Die Zielgruppe sollte im Vorwort deutlich genannt werden. Sie wird sich in vielen Fällen aus dem Ziel des Konzepts ergeben, es werden hier genau die Stellen und Personengruppen, denen das Konzept übergeben, zugesandt oder einsehbar gemacht werden soll, genannt. Zu unterscheiden sind dabei Zielgruppen, die mit dem Konzept arbeiten, die es zur Kenntnis in ihrer Ablage vorliegen haben müssen und die es einsehen können sollen. Es wird sehr schnell deutlich, welche Bereiche für den internen Gebrauch sind und welche für den externen Gebrauch der Einfachheit halber vielleicht sogar ins Internet gestellt werden können. Wenn die Zielgruppen sehr heterogen sind, ist es sinnvoll, ein Arbeitskonzept für den internen Gebrauch und ein Fachberatungskonzept für den externen Gebrauch zu erstellen, um die Arbeit nach außen hin sichtbar und nachvollziehbar zu machen. Wichtig für einen reibungslosen Arbeitsablauf ist, dass diese Konzepte aufeinander aufbauen und keine Widersprüche erzeugen. In einem solchen Fall ist es hilfreich mit einem Konzept anzufangen und das andere daraus abzuleiten. Bei der Neuerstellung eines Konzeptes geht es auch um die Neuausrichtung der fachlichen Arbeit. Ab welchem Zeitpunkt diese verbindlich stattfinden soll, wird unter dem Punkt »Gültigkeit« mit einem Datum benannt. Wird das Konzept für die Fachberatung im Rahmen eines befristeten Projektes erstellt, wird der Gültigkeitszeitraum angegeben.

Die Grundannahme

Oft wird dieser Punkt auch mit »Leitbild« oder »Position« überschrieben. »Grundannahme« vermittelt eher das Verständnis von Basis oder Grundlage für das Konzept. Das »Leitbild« steht für das generelle Selbstverständnis einer Organisation und die »Position« gibt einen Standpunkt wieder, der sich in der Regel von anderen Standpunkten abhebt. Da die meisten Organisationen ein verschriftliches Leitbild haben, muss hier nicht alles neu gedacht – vielleicht in dem ein oder anderen Fall überdacht – werden.

In der Grundannahme werden alle Voraussetzungen genannt, die das Konzept inhaltlich und fachlich prägen. Es geht bei der Fachberatung für Kindertageseinrichtungen darum, welche Vorstellung von frühkindlicher Betreuung, Erziehung und Bildung dem Vorgehen in der Beratung zugrunde liegt. Diese Grundannahme sollte durch alle Konzeptteile wie ein »roter Faden« sichtbar sein und die Ziele der Fachberatung inhaltlich und fachlich untermauern. Damit ein Konzept in der Praxis auch umgesetzt wird und alltagstauglich ist, sollte die Grundannahme sich an den Bedürfnissen und den Rechten von Menschen und der Umsetzbarkeit in der Fachberatung orientieren, sodass sich die Fachkräfte mit ihr identifizieren können.

Fachliches Konzept

Das fachliche Konzept sollte immer das Herzstück eines Gesamtkonzeptes für die Kindertageseinrichtung sein, weil in ihm die Methoden, die Angebote und Aufgabenbereiche inhaltlich und fachlich ausführlich und auf das Bild vom Menschen allgemein und vom Kind speziell in nachvollziehbarer Weise beschrieben sind. Fragen danach, was frühkindliche Bildung ist, wie sie umgesetzt werden soll, wie Fachkräfte auf diese Aufgabe vorbereitet und dazu aus- und fortgebildet werden, sollten für jeden verständlich erklärt werden.

Jedem/r Mitarbeiter/in sollte es mit Hilfe des fachlichen Konzeptes leicht fallen, die Grundlagen von Betreuen, Erziehen und Bilden in der Kindertageseinrichtung an die Nutzer der Fachberatung zu vermitteln.

Rechtliche Beratungsthemen, Änderungen im fachlichen Vorgehen und Neuerungen sind Informationen, die alle Zielgruppen der Fachberatung betreffen.

Durch Newsletter, eine Homepage, auf der aktuelle Informationen eingestellt werden können, oder regelmäßige Infoflyer können solche Informationen für alle aufbereitet werden. Die Fachberatung kann dadurch zeitlich entlastet werden und gewinnt mehr Zeit für spezifische Einzelprobleme. Für diese gibt es verschiedene Formen der Beratung wie die Einzelberatung, die Teamberatung oder das Dreiergespräch. Alle Formen sollten für die Fachberater/innen bekannt und fachlich beschrieben sein. Für eine qualitativ gute Beratung sollte jedem verständlich sein, wie beraten, vermittelt, begleitet und qualifiziert werden soll und wie gewährleistet ist, dass alle Funktionen von allen Beteiligten gekannt und verstanden werden. Informations-, Fort- und Weiterbildungs-Veranstaltungen dienen dazu, alle Beteiligten immer wieder auf den neuesten Stand zu bringen. Wie diese fachlich geplant und ausgeführt werden sollen und welche Zielgruppen wann und wie zusammen oder getrennt informiert werden, muss für alle, die für die Ausführung verantwortlich sind, bekannt sein. Die Aufgabenbereiche aller Mitarbeiter müssen festgeschrieben, prozentual nach fachlicher, organisatorischer und finanztechnischer Aufgabe gewichtet werden und als Grundlage für eine Arbeitsplatzbeschreibung dienen. Ob in der Fachberatung nur beraten wird oder auch andere organisatorische und finanztechnische Aufgaben zu erledigen sind, hängt sehr von den Personalressourcen, die ein Träger für die Kindertagespflege vorhalten kann, ab.

Fachliche Konzepte, die einer sehr heterogenen Gruppe als Arbeitsgrundlage zur Verfügung gestellt werden sollen, können auch aus einem Kernkonzept bestehen, zu dem es mehrere Unterdokumente gibt, die nur an die jeweils betroffenen Personen ausgehändigt werden. Eine Arbeitsplatzbeschreibung ist beispielsweise ein spezifisches Dokument, welches für einen Stelleninhaber und seinen Vorgesetzten interessant ist, jedoch nicht für den gesamten Fachausschuss eines Jugendamtes. In einem fachlichen Konzept lässt sich das lösen, indem die Zuständigkeiten für die einzelnen Aufgaben dargestellt werden, die arbeitsplatzspezifischen Dokumente jedoch nur genannt oder referenziert werden und der Zugang zu diesen Dokumenten nur ausgewählten Personen ermöglicht wird.

Organisatorisches Konzept

Das organisatorische Konzept sollte die Ziele und Leitgedanken des fachlichen Konzeptes in seiner Struktur und seinem Praxisbezug widerspiegeln. Die Organisation dient als Rahmen und Dienstleistung für die Fachlichkeit. Sollte eine Organisationform die fachlich Arbeit behindern, erschweren oder unmöglich machen, kann sie nicht die richtige sein. Sie sollte dann sehr zeitnah überdacht und geändert werden. Sätze wie: »Das war schon immer so« oder »Das ist eben so« sind keine Argumente, sondern Ausdruck von Gleichgültigkeit oder Resignation. Schwierigkeiten bei Organisationsänderungen sind kein Grund, eine Änderung hinauszuzögern oder sogar zu verhindern. Ein Organigramm zum Aufbau der Fachberatung, wenn möglich sogar mit Bildern der Personen, die in den einzelnen Bereichen arbeiten und zuständig sind, schafft einen guten Überblick, wenn es darum geht, einen Ansprechpartner zu finden, und erleichtert es, die Organisation immer wieder neu zu überdenken, wenn sie die Anforderungen nicht mehr ausreichend erfüllen kann.

Für Ratsuchende außerhalb der Fachberatung sind andere Darstellungen von Zuständigkeiten wichtig als für Mitarbeiter der Fachberatung. Um unnötigen Doppelaufwand zu vermeiden, sollte ein Gesamtorganigramm erstellt werden, welches alle Informationen enthält, aus dem aber interne Informationen ausgeblendet werden können. So ist die Zuständigkeit für ein internes Berichtswesens für die Leitung und die Erzieher/innen einer Kindertageseinrichtung nicht interessant. Wer jedoch der Ansprechpartner für den Bezirk ist, in dem die Kindertageseinrichtung angesiedelt ist, sollte für alle aus einem Organigramm schnell und leicht ersichtlich sein. Interne Prozessabläufe wie Materialbeschaffung, Arbeitsplatzgestaltung und Personalfragen sollten ebenfalls nur intern transparent sein. Vernetzungspartner der Kindertageseinrichtung, Informationsveranstaltungen und Qualitätsentwicklung wiederum interessieren intern und extern. Um eine gut funktionierende Organisation in der Fachberatung für Kindertageseinrichtungen zu haben, wird es intern immer mehr Absprachen, Prozessbeschreibungen und Übersichten geben, damit externe Informationen intern allen bekannt und von allen auch unterstützt werden können.

> Eine gute Organisation bleibt im Hintergrund, unterstützt alle Betroffenen und schafft optimale Transparenz.

Entscheiden Sie für jede Personengruppe, die mit der Fachberatung in Kontakt kommt, welche Rolle Sie für diese spielen, und leiten Sie daraus ein Informations-Portfolio ab, welches jede einzelne Personengruppe benötigt. Damit beginnt die Öffentlichkeitsarbeit. In vielen Konzepten findet man die Öffentlichkeitsarbeit als separaten Gliederungspunkt. Das liegt daran, dass sie häufig nicht von der Fachberatungsstelle selbst umgesetzt wird. Entweder gibt es eine Abteilung für Öffentlichkeitsarbeit, welche die Prozesse und Form der Informationsaufbereitung vorgibt, oder eine externe Firma wird mit der Aufgabe beauftragt. In beiden Fällen bleibt die Informationsbeschaffung bei der Fachberatungsstelle, da nur sie die Materialien auswählen kann, welche veröffentlicht werden können und sollen. Damit ist die Öffentlichkeitsarbeit – unabhängig davon, ob sie eigenständig oder mit Hilfe eines Zulieferers umgesetzt wird – eine organisatorische Aufgabe innerhalb der Fachberatung.

Finanzkonzept

Land, Kommune und Eltern tragen in der Regel die Kosten eines Betreuungsplatzes in der Kindertageseinrichtung. Wie hoch sie sind, hängt von verschiedenen Faktoren ab und ist von Land zu Land und von Kommune zu Kommune unterschiedlich. Das Land formuliert in seinem Landesausführungsgesetz in Anlehnung an das Kinder- und Jugendhilfegesetz (achtes Sozialgesetzbuch) die Regelungen für die Kindertageseinrichtung. Zum Finanzierungs- und Regelungsbereich auf Landesebene gehört die Sachmittelförderung für die Fachberatung. Über die Jugendhilfeplanung, Statistiken und Haushaltsplanungen wird die Finanzierung in den Kommunen geregelt. In welcher Höhe die Kostenbeiträge der Eltern ausfallen, ist meist vom Einkommen der Eltern abhängig. Bei geringem oder gar keinem Einkommen kann auch das zuständige Jugendamt die Kosten vollständig übernehmen. Die Gelder aus Landes- und Kommunalmitteln sind Steuergelder, über die in Haushaltsdebatten immer wieder neu entschieden wird. Die Kostenbeiträge der Eltern sind private Mittel, deren Höhe im achten Sozialgesetzbuch geregelt ist. Die Arbeitsgemeinschaft der Jugendämter der Länder und der Landesjugendämter geben dazu Empfehlung heraus, wie die Berechnung der Elternbeiträge geregelt werden sollte. Mögliche Fördermittel müssen immer wieder recherchiert und zeitnah beworben werden. Nicht alle Fördermittel sind für jede Organisationsform geeignet. Neben Fördergeldern, die nur für öffentliche Träger gedacht sind, gibt es Fördermittel, die nur für freie Träger vorgesehen sind. Die Fachberatung für Kindertageseinrichtungen muss sich zuerst ein Bild von den Geldsummen machen, die sie im jeweils konkreten Fall verwaltet, bevor sie ein Finanzkonzept entwickeln kann.

Sind die Summen bekannt, muss zu deren Verwaltung ein Kostenstellenplan erstellt und es müssen Kostenarten festgelegt werden, um Abrechnungen vornehmen zu können. Die Finanzberichte machen deutlich, ob effektiv und effizient gearbeitet wird und ob die Akquise weiterer Geldmittel nötig ist.

Das Finanzkonzept beschreibt, wie in der Fachberatung Material- und Personalkosten dokumentiert, gesteuert und kontrolliert werden, und zeigt auf, wie der Finanzplan erstellt, genehmigt und in seiner Ausführung überwacht wird. Das Finanzkonzept stellt auch dar, welchen Stellen gegenüber Rechenschaft abgegeben werden muss und welche Stellen wann und in welcher Form über die Finanzen informiert werden müssen.

Das Gesamtkonzept öffentlicher und freier Träger wird sich gerade in Bezug auf das Finanzkonzept am meisten voneinander unterscheiden, da sich die Finanzierungsarten der freien Träger von der Finanzierung über kommunale Mittel bis hin zu privat finanzierten Stellen gestalten können.

Hilfreiche Materialien

Die für die fachliche Arbeit benötigten Formulare, Vordrucke, Verträge, Empfehlungen und Arbeitsanweisungen stellen eine Sammlung von Materialien dar, mit denen Sie regelmäßig und häufig arbeiten. Auf diese Unterlagen können Sie im Konzept verweisen oder sie im Anhang an das Konzept anfügen. Da nicht jede/r, der/die das Konzept erhält, diese Unterlagen benötigt, kann es auch je nach Benutzergruppe mit oder ohne diese Anhänge ausgegeben werden. Der Vollständigkeit halber sollte die Existenz dieser Unterlagen aber zumindest im Konzept erwähnt werden.

Zuständigkeiten und Ansprechpartner/innen

Für ein Gesamtkonzept gibt es verschiedene Verantwortliche. Die Person, welche das Konzept erstellt hat, muss nicht zwangsläufig die Person sein, die das Konzept verantwortet oder über die Umsetzung des Konzeptes entscheidet. Es ist deshalb für die Zielpersonen des Konzeptes wichtig, die unterschiedlichen Zuständigkeiten aus dem Konzept herauslesen zu können und die passenden Ansprechpartner/innen genannt zu bekommen. Deren Rolle, Erreichbarkeit, Telefonnummer und Mailadresse sollten als Angaben im Konzept zu finden sein.

Passgenaue Konzepte

Je genauer das Konzept für die Fachberatung formuliert wird, desto leichter lasst sich in Zweifelsfällen ein Sachverhalt klären oder feststellen, dass das Konzept noch überarbeitet werden muss, weil es den Bedürfnissen in der Kommune nicht gerecht wird. Wichtig ist es deshalb, einem Konzept auch eine gewisse Probelaufzeit einzuräumen, um unerwartete Probleme aufzudecken und sowohl in der Praxis für Alternativen wie auch im Konzept für eine Überarbeitung der nicht ganz passgenauen Lösungen zu sorgen.

Das Konzept dient zur leichteren Problemlösung und sollte nicht seinerseits Probleme verursachen. Ein gutes Konzept bewährt sich in der Praxis, wenn es in gut 80 % der Anwendungsfälle unterstützend wirkt. Fachberatung sollte eine Unterstützungsleistung sein und keine Kontrollinstanz, die ausschließlich fachliche Standards misst.

Die Erstellung eines Konzeptes ist ein wichtiger Schritt in Richtung Professionalität, damit die fachliche Arbeit nachvollziehbar, transparent und – wenn sie gut ist – wiederholbar ist. Ein Konzept gibt inhaltliche und organisatorische Sicherheit, erlaubt eine regelmäßige Ausrichtung auf die gesetzten Ziele, beschreibt die Leitgedanken der fachlichen Arbeit, unterstützt die entwickelnde Qualitätsarbeit, dient als wichtige Unterstützung der Beratungsarbeit und spiegelt die Kooperationsbereitschaft mit anderen Trägern wider.

Der öffentliche Träger des Landkreises Schmalkalden-Meiningen hat sein Konzept bereits für Kindertagesstätten und Kindertagespflege zusammen formuliert. Da Kinder unabhängig von der Betreuungsform gleich gut betreut werden sollten, wird durch diesen Ansatz der frühkindlichen Förderung in Kindertageseinrichtungen und Kindertagespflegestellen gleichermaßen Rechnung getragen. Eine Fachberatung kann auf diese Weise die entstehenden Synergien nutzen, um die Fachlichkeit, aktuelles Wissen, organisatorische Strukturen und Netzwerke für beide Angebotsformen zu optimieren.

Konzept Schmalkalden-Meiningen

Fachberatung für Kindertagesstätten und Kindertagespflege beim örtlichen Träger der öffentlichen Jugendhilfe im Landkreis Schmalkalden-Meiningen

Fachberatung für Kindertageseinrichtungen ist eine Leistung für

- Einrichtungsträger und pädagogische Mitarbeiter/innen,
- eine Transferleistung zwischen Wissenschaft und Kindergartenpraxis,
- zwischen örtlicher Politik und Pädagogik,
- zwischen Laien und Professionellen,
- zwischen Tradition und Innovation

Anlass der Konzeptionsentwicklung

§ 15 a Fachberatung Thüringer Kindertageseinrichtungsgesetz – ThürKitaG
… (2) der örtliche Träger der öffentlichen Jugendhilfe bietet bedarfsgerecht Fachberatung an …
… (4) die örtlichen Träger der öffentlichen Jugendhilfe haben die Qualität der Kinderbetreuungsangebote durch geeignete Maßnahmen sicherzustellen und weiterzuentwickeln …

Rechtsgrundlagen

Der gesetzliche Auftrag zur Fachberatung findet sich in § 22 a SGB VIII, darin heißt es:
(1) Die Träger der öffentlichen Jugendhilfe sollen die Qualität der Förderung in ihren Einrichtungen durch geeignete Maßnahmen sicherstellen und weiterentwickeln …
- eine kontinuierliche Prozessbegleitung und die Entwicklung eines pädagogischen Konzepts zur Arbeit in den Einrichtungen sind unabdingbar
(2) Die Träger der öffentlichen Jugendhilfe sollen sicherstellen, dass die Fachkräfte in ihren Einrichtungen zusammenarbeiten …
- mit Erziehungsberechtigten und Kindertagespflegepersonen,
- mit anderen kinder- und familienbezogenen Institutionen/Einrichtungen,
- mit Schulen
… zum Wohl des Kindes und zur Sicherung der Kontinuität des Erziehungsprozesses …

Aufgaben und Umfang der Fachberatung

Die Gesamtverantwortung für die Sicherstellung von Fachberatung und deren Bedarfsermittlung liegt gem. §§ 79, 80 SGB VIII bei den örtlichen Trägern der öffentlichen Jugendhilfe.

Fachberatung bezogen auf das Kind
- Mitwirkung bei der Auswahl einer geeigneten Kindertageseinrichtung i. Z. der Erstellung des Gesamtplanes nach SGB XII und Beratung des Trägers, der Leiter und Fachkräfte der Kindertageseinrichtung bei der Sicherstellung und Weiterentwicklung der Qualität der integrativen Bildung und Erziehung gem. § 7 Abs. 3 ThürKitaG
- Einbindung der Beratungsfachkräfte, die die Einrichtungen bei der Förderung von Kindern mit erhöhtem Förderbedarf gem. § 7 Abs. 4 ThürKitaG unterstützen

Fachberatung bei der Umsetzung des Thüringischen Bildungsplanes
- Beratung der Kindertageseinrichtungen und Kindertagespflegepersonen bei Erstellung, Umsetzung und Fortschreibung der päd. Konzeption in Umsetzung der im Thüringer Bildungsplan aufgeführten Ziele und Aufgaben gem. § 6 Abs. 3 ThürKitaG
- einfühlende Begleitung der Fachkräfte bei der Umsetzung der Konzeption sowie Reflektion des praktischen Handelns der Fachkräfte
- Beratung zur umfassenden Einbeziehung der Eltern in Fragen der Bildung und Erziehung ihrer Kinder gem. § 6 Abs. 2 ThürKitaG
- Beratung beim Einsatz von Instrumenten und Verfahren der Evaluation der Arbeit in den Einrichtungen bzw. der Kindertagespflege und der systematischen Weiterentwicklung der Qualität gem. § 6 Abs. 4 ThürKitaG
- Beförderung der Kooperation und Vernetzung zwischen Kindertageseinrichtungen und deren Trägern sowie Kindertagespflegepersonen und den Einrichtungen und Diensten im Gemeinwesen gem. § 6 Abs. 3, 5 ThürKitaG
- Organisation und Durchführung von Fortbildungen für Kindertageseinrichtungen und Kindertagespflegepersonen gem. § 15 Abs. 3 ThürKitaG

Fachberatung bei Fragen der Betriebsführung, der baulichen, räumlichen und sächlichen Voraussetzungen
- Ergänzung der fachlichen Beratung des für Kindertageseinrichtungen zuständigen Ministeriums durch begleitende kontinuierliche Beratungsprozesse gem. § 9 Abs. 4 ThürKitaG insbesondere zur päd. Arbeit und wirtschaftlichen Betriebsführung
- Beratung der Kindertageseinrichtungen und Kindertagespflegepersonen bei der Wahrnehmung des Schutzauftrages bei Kinderwohlgefährdungen und der Zusammenarbeit mit dem Jugendamt auf der Grundlage der Vereinbarungen zum Kinderschutz gem. § 8a Abs. 2 SGB VIII (§ 6 Abs. 2a ThürKitaG)
- Organisationsberatung zu rechtlichen, methodischen, inhaltlichen und organisatorischen Fragen gem. § 9 Abs. 4 ThürKitaG
- Beratung zur räumlichen Ausstattung und zur Umsetzung der Flächenanforderungen der Kindertageseinrichtungen gem. § 13 Abs. 1 ThürKitaG

- Hinwirken auf ein bedarfsgerechtes Angebot mit bedarfsgerechten Öffnungszeiten gem. § 2 Abs. 1,4 ThürKitaG
- Zusammenarbeit mit den für die gesundheits-, bau- und feuerpolizeiliche sowie für die schulische Aufsicht zuständigen Stellen gem. § 22 Abs. 3 ThürKJHAG

Fachberatung beinhaltet Konzept, Team- und Konfliktberatung
- Teamentwicklungsprozesse und Konzeptionsentwicklungsprozesse bedingen sich
- in Konflikt- und Krisensituationen nimmt Fachberatung eine Vermittlungsfunktion ein

Zusammenfassung: Fachberatung erfolgt:
- zur Integration behinderter Kinder
- zum Umgang mit Kindern mit erhöhtem Förderbedarf, die keinen Anspruch auf Eingliederungshilfe haben
- zur pädagogischen Arbeit und Konzeptentwicklung der Kindertageseinrichtungen und Tagespflege
- zur Wahrnehmung des Schutzauftrages bei Kindeswohlgefährdungen
- zur Teamentwicklung in den Kindertageseinrichtungen
- zur Elternarbeit unter dem Aspekt der Einbeziehung in Fragen von Bildung und Erziehung ihrer Kinder
- zum trägerübergreifenden Zusammenwirken der Fachkräfte
- zu gesetzlichen Vorgaben und deren Umsetzung
- zu Planungsprozessen
- zu baulichen Fragen, Ausstattungen, Fördermöglichkeiten

Verständnis von Fachberatung

Fachberatung als Leistung des Jugendamtes ist grundsätzlich kindorientiert, Bedürfnisse und Interessen der Kinder unter Berücksichtigung des Lebensumfeldes finden Beachtung.

Fachberatung basiert auf Offenheit und Transparenz, Freiwilligkeit, Ressourcenorientiertheit, Konfliktfähigkeit, Partizipation und Kontinuität.

Fachberatung ist als Begleitprozess angelegt und auf die Mitwirkung der Beteiligten ausgerichtet.

Voraussetzung für einen gelingenden Beratungsprozess ist die Bereitschaft, sich beraten zu lassen und die Akzeptanz der Beratungsperson.

Die Fachberatung bezüglich der Kinder mit erhöhtem Förderbedarf basiert grundsätzlich auf demselben Ansatz. Ziel dieser Maßnahme ist es, Pädagogen in Kindereinrichtungen in Form von Beratung und Fortbildung zu unterstützen. Das spezielle Beratungs- und Fortbildungsangebot richtet sich an Kinder mit Entwicklungsverzögerungen, Kinder mit Migrationshintergrund, Kinder mit Anpassungsschwierigkeiten oder Kinder, die durch die Eltern aus unterschiedlichen Gründen keine ausreichende Unterstützung im kognitiven, emotionalen und/oder körperlichen Bereich erfahren. Vordergründig ist dabei die Früherkennung von Defiziten und Entwicklungsrückständen, um darauf schnellstmöglich zu reagieren.

Adressaten der Fachberatung als Leistung des Jugendamtes

Fachberatung richtet sich an freie, private und kommunale Träger, Leiter und Fachkräfte von Kindertageseinrichtungen und Kindertagespflegepersonen gleichermaßen und wird vor Ort geleistet.

Vernetzungs- und Kooperationsstrukturen

Die Aufgaben der Fachberatung im Bereich Kindertagesstätten/Kindertagespflege sind sehr vielfältig, das Aufgabengebiet sehr umfänglich. Schon aus dieser Tatsache heraus ergibt sich das Erfordernis der Abstimmung und Kooperation von Fachkräften aus kindbezogenen Einrichtungen und Institutionen und den verschiedenen Professionen der Jugendhilfe.

Neutrale Nähe des öffentlichen Trägers der Jugendhilfe zu Einrichtungen und Elternschaft sind von erheblichem Vorteil, Standortwissen im Zusammenhang der Planungsverantwortung kommt hinzu.

Fachberatung

- Sozialraum
- Träger
- Leiterin, Erzieherin
- AllgemeinerSozialdienst
- Fachbehörden (Gesundheitsamt, Sozialamt, Schulamt, ...)
- Tagespflegeperson
- Erziehungsberatungsstelle
- Schule für Gesundheit und Soziales
- Grundschule, Hort

Warum Fachberatung in Regie und direkter Verantwortung des Jugendamtes

- Bedarfsplanung und nach neuem Kindertagesstättengesetz auch die Fachberatung sind grundsätzlich Bereiche, die in der Verantwortung des öffentlichen Trägers liegen.
- Fachberatung beim örtlichen Träger der öffentlichen Jugendhilfe arbeitet grundsätzlich trägerübergreifend, unabhängig und neutral, landkreisspezifische Besonderheiten finden Beachtung.
- Der örtliche Träger der öffentlichen Jugendhilfe übernimmt Brückenfunktion zur Entwicklung und Etablierung von territorialen Netzwerken zwischen Einrichtungen und Institutionen in freier und kommunaler Trägerschaft, die komplexe Aufgabe setzt einen komplexen fachlichen Ansatz voraus, der einer Aufgabenübertragung auf freie Träger Grenzen setzt.
- »Eine Separation von Fachberatung führt zur Zersplitterung und wirkt der Etablierung von kommunalen Erziehungs- und Bildungslandschaften entgegen« (Arbeitspapier zur inhaltlichen Gestaltung der Fachberatung gem. § 15 a ThürKitaG vom 21.06.2010).

- Eine effektive und effiziente Verwendung der den örtlichen Trägern der öffentlichen Jugendhilfe zu zahlenden Landespauschale gem. § 19 Abs. 7 ThürKitaG steht eine bloße Weiterleitung an die Landeswohlfahrtsverbände entsprechend Kinderzahl in den jeweiligen Einrichtungen der freien Träger entgegen, der Verantwortung nach Bundes- und Landesrecht könnte der örtliche Träger der öffentlichen Jugendhilfe nicht angemessen gerecht werden. Dies wäre ein Verstoß gegen geltendes Bundes- und Landesrecht (aus dem Antwortschreiben des Kultusministers Christoph Matschie an den Geschäftsführer des Thür. Landkreistags vom 29.06.2010).

Strukturelle und personelle Umsetzung im Landkreis Schmalkalden-Meiningen

Fachberaterteam
3 Fachkräfte aus Kindergärten mit Stellenanteil im Standortkindergarten
2 Fachkräfte als Koordinationsstelle beim öffentlichen Träger der Jugendhilfe
Vorteil:
- Qualifizierung über Thillm in den zurückliegenden zwei Jahren
- Flächenlandkreis durch Fachberaterteam effektiver (Zeit, Entfernung, ...) abzusichern
- Konstruktiver fachlicher Austausch und Reflexion im Team
- Verteilung nach Aufgabenschwerpunkten – strukturelle Ebene der eigenen Organisationen, Institutionen und Bezugsorganisationen – päd. und prozessuale Ebene der Bezugsorganisation Tageseinrichtung – die personale und päd. Ebene der Mitarbeiterinnen, Vorgesetzten, Eltern – die Ebene der eigenen Berufsrolle

Praxisverbundenheit
mindestens 10 Wochenstunden Verbleib der externen Fachberater in Standortkindergärten
Vorteil:
- fester Praxisbezug, bessere Akzeptanz der Kindergartenteams, Vorbildwirkung
- eigene praktische Tätigkeit in den Kindergartengruppen, Verbindung Praxis-Theorie
- Ausprobieren neuer Ansätze in der pädagogischen Arbeit

Stellenanteil
eine Fachberaterin mit 0,5 VBE, zwei Fachberaterinnen mit je 0,75 VBE für 76 Einrichtungen im Landkreis, zwei Mitarbeiterinnen im Jugendamt mit Stellenanteil von 0,5 bzw. 0,4 VBE
Vorteil:
- flexibel, am Bedarf orientiert
- sozialräumliche Aufteilung des Landkreises entsprechend des Stellenanteils
- Aufgaben im Zusammenhang der Planungsverantwortung, verwaltungsorganisatorische und koordinierende Aufgaben verbleiben beim Jugendamt, Entlastung für den fachpraktischen Bereich

Qualifikationsanforderungen

Ausbildung/Abschluss
- Einschlägige fachspezifische Ausbildung als Erzieher/in, Leiter/in, Diplompädagog/innen, Diplomsozialpädagog/innen mit dem Nachweis der methodisch-didaktischen Befähigung zur Arbeit in Kindertageseinrichtungen, Absolvent/inn/en entsprechender Bachelor-, Master- oder Magisterstudiengänge, Ausbildung als Multiplikator/in für die Implementierung des Thüringer Bildungsplans

Berufserfahrung
- Erfahrung im Berufsfeld Kindertageseinrichtungen, in der Fort- und Weiterbildung sowie Erwachsenenbildung

Sonstige Anforderungen
- Hintergrundwissen zu entwicklungspsychologischen Grundlagen
- Hintergrundwissen über verschiedene konzeptionelle Ansätze
- Hintergrundwissen in der Integration von Kindern mit Behinderungen, Benachteiligungen bzw. besonderem Förderbedarf
- Kenntnisse der Bereiche Grundschule und der Bereiche der Kinder- und Jugendhilfe

Fachberaterprofil
- engagierte, zielbewusste und flexible Beratung der Zielgruppen
- Kreativität und Offenheit für neue innovative Lösungen im Aufgabengebiet
- Moderationsfähigkeit, souveränes Auftreten
- Eigeninitiative
- Verhandlungsgeschick
- Bereitschaft zur ständigen eigenen Weiterbildung
- Einsatzfreude

Strukturierung
- vertragliche Vereinbarung mit dem Träger zur verbindlichen Leistungserbringung
- Praxiseinrichtung zugehörig, mit Stellenanteil in Einrichtung tätig
- keine Dienst- und Fachaufsicht durch den Landkreis
- Zuordnung einer vertretbaren Anzahl von Einrichtungen
- Vernetzungs- und Koordinierungsstelle auf Landkreisebene
- regelmäßige Teamberatungen, Reflexion, Einzelfallbesprechungen, Planung ...

5 Die Chancen des Neuen

- Neuerungen zielgerichtet umsetzen
- Brainstorming
- Eisenhower-Modell
- Zufriedenheitsabfrage
- One Page
- Vom Konzept zur Konzeption

Der Bildungsauftrag gibt allen am frühkindlichen Bildungsprozess Beteiligten die Chance, das persönliche Bildungsverständnis zu reflektieren, sich um ein gemeinsames qualitativ gutes Bildungsverständnis in der Kindertageseinrichtung zu bemühen und aufgeschlossen zu bleiben für neue Bildungsformen, um gute Qualität weiterzuentwickeln. Die Fachberatung hat eine optimale Multiplikatoren-Rolle für die Neuerungen, die im frühkindlichen Bereich der Kindertageseinrichtung umgesetzt werden sollen. Sie kann die Theorie und Praxis zusammenbringen und Bildungs- und Lernangebote für den frühkindlichen Bereich machen, welche alle beteiligten Personen und Bereiche einer Kindertageseinrichtung zusammenführen.

Neuerungen zielgerichtet umsetzen

Die Komplexität der Fachberatungsaufgaben macht es erforderlich, seine fachlichen, organisatorischen und selbstbildnerischen Fähigkeiten dazu zu nutzen, die Rolle eines Moderators für die Kindertageseinrichtung einzunehmen. Dazu bedarf es einer fachlichen Haltung, die es möglich macht, dass sich die Fachberatung trotz komplexer Zusammenhänge nicht von dem eigentlichen Ziel abbringen lässt, sich aber beim Vernetzen sämtlicher Akteure als Fachkraft versteht, die Struktur und kreativen Freiraum schafft. Wissenschaftliche Erkenntnisse und für die Praxis erforderliche Neuerungen müssen immer wieder bekannt gemacht und zielgerichtet umgesetzt werden. Die vielen Fachtreffen, die eine Fachberatung organisiert und durchführt, beinhalten die Chance, die Energien zu bündeln und durch strategische Absprachen Neuerungen zeitnah in die Praxis umzusetzen. Dafür sind moderierende Fähigkeiten von großem Nutzen.

Ein/e Moderator/in
- stellt die eigene Meinungen zurück und kommentiert nicht direkt die Meinungsäußerungen der Teilnehmer/innen. Kreativität wird besonders zu Beginn eines Prozesses bewusst zugelassen.
- aktiviert durch Fragen die moderierte Gruppe für das Thema.
- formuliert die Spielregeln und nimmt auch Konflikte in die Tagesordnung auf. Diese sollten niemals unbeachtet bleiben.
- fasst das Besprochene immer wieder zusammen, um den Stand der Dinge deutlich zu machen und Handlungsfähigkeit wiederherzustellen.
- achtet auf die Selbststeuerung und Eigeninitiative der Teilnehmer.
- schafft den Raum für Handlungsalternativen, wenn es keinen Kompromiss in der Gruppe geben kann.
- nutzt und koordiniert das Wissen und die Fähigkeiten der einzelnen Gruppenmitglieder
- bereitet sich selbst immer gut auf eine Sitzung vor und fordert das auch von den anderen Teilnehmern einer Arbeitsgruppe ein.
- schafft verbindliche Absprachen durch schriftliche, übersichtliche und eindeutige Protokolle.
- ist stets pünktlich und zuverlässig und setzt das als Arbeitsgrundlage für Teilnehmer/innen einer Arbeits- oder Projektgruppe voraus.

> Als Fachberater/in eine moderative Haltung einzunehmen, heißt einerseits die Komplexität der Kindertageseinrichtung und andererseits die Zielverfolgung für Neuerungen oder Änderungen im Auge zu behalten.

In Rahmen der Fachberatung können alle Akteure im Bereich der Kindertageseinrichtung miteinander vernetzt und die Arbeit in der Kommune dadurch effektiv und effizient gestaltet werden.

> Effektivität ist ein Maß für Wirksamkeit und die Qualität der Zielerreichung.
> Effizienz ist ein Maß für die Wirtschaftlichkeit – der Relation von Kosten und Nutzen.

Ein/e Moderator/in braucht Methoden, die helfen, die Energien einer Gruppe optimal zu nutzen, damit sie bei Fachgesprächen, Workshops oder Facharbeitskreisen nicht am Thema vorbei tagt oder vom Thema und Ziel abkommt. Im besten Fall melden die Teilnehmer/innen einer misslungenen Tagung ihren Eindruck zurück. Im schlechtesten Fall verlassen sie den Raum frustriert, ziehen sich zurück und machen Stimmung gegen die Vorgehensweise der Fachberatung. Damit das nicht passiert, hilft es, das Prinzip von Transparenz und konsequenter Zielabsprache anzuwenden. Welcher Umgangston in einer Gruppe gepflegt wird und wie sich Teilnehmer/innen einer Gruppe miteinander vernetzen, hängt zu einem Großteil von den moderativen Fähigkeiten der einladenden Person ab. Zielorientierte Gespräche zu führen und Tagungen zu moderieren, kann man lernen.

Tagungsrisiken
- Verzetteln
- Am Thema vorbei
- Themen vermeiden
- Tagesordnung zu allgemein
- Tagesordnung zu restriktiv
- Türgespräche wichtiger als Tagesordnung

Um die Ressourcen einer Fachberatungsstelle und die ihrer Kooperationspartner optimal zu nutzen, gibt es einige Arbeitshilfen. In der Literatur im Anhang sind Hinweise zu unterschiedlichen Ansätzen und Methoden zu finden, um die Arbeit in einer Beratungsstelle zu verbessern.

Fachberater/innen sind Vorbilder und fragen sich selbst:
- Wie, wann und wodurch bilde ich mich?
- Wer profitiert wie und wann durch meine Bildung?
- Wie kann Theorie in die Praxis umgesetzt werden?
- Wie können Praxiserfahrungen in die Theorie einfließen?

Im Folgenden wird eine Auswahl von Arbeitshilfen vorgestellt, um in Gruppen schnell, effektiv und effizient beim Thema zu bleiben und die Tagungszeit optimal zu nutzen. Diese haben sich für die Arbeit in Fachausschüssen und Facharbeitsgruppen gut bewährt, weil sie alle in sehr einfacher Weise immer wieder das Ziel der Fachberatung ins richtige Licht rücken und dadurch Verzetteln und Zerreden vermieden werden können.

Die vier hier vorgestellten Arbeitshilfen bilden eine sehr kleine Auswahl von Analyse- und Arbeitshilfen, die Planungs- und Organisationsblockaden vermeiden können. Das Bestechende daran ist ihre Einfachheit und die schnelle erfolgreiche Einsatzfähigkeit. In der Literaturliste finden Sie zu den Themen »Moderationstechniken« und »Projektmanagement« weitere Hinweise.

Brainstorming

Für Gruppen ist Brainstorming eine schnelle Methode, anstehende Aufgaben, Ziele oder Wünsche unreflektiert zu sammeln. Die Technik eignet sich für sehr komplexe Themen oder extrem unterschiedliche Sichtweisen auf ein Problem oder einen Tagungspunkt. Die Technik ist besonders zu Beginn einer Aufgabe oder eines Projektes hilfreich, um sämtliche Ideen der Gruppe zu nutzen. Wenn die Arbeit ins Stocken gerät, hilft sie verlorene Ideen wieder zu entdecken oder neue Ideen und Sichtweisen zu finden, die das Projekt wieder in Bewegung bringen. Die Mittel sind sehr einfach und schlicht: Gehirn, Papier und Stift. Diese Einfachheit macht einen problemlosen und spontanen Einsatz möglich. Das Brainstorming kann von jeder Person in der Gruppe allein durchgeführt werden und anschließend werden die Ideen zusammengetragen. Alternativ erledigt die Gruppe das Brainstorming zusammen mit einer Person, die alle Ideen sofort sammelt und aufschreibt. Wenn eine Person das Brainstorming allein durchführen will, geht sie wie folgt vor: Die Fragestellung, zu der neue Ideen entwickelt werden sollen, wird genau und präzise aufgeschrieben. Auf einem Blatt Papier werden in einem festgelegten kurzen Zeitraum alle Ideen aufgeschrieben, die in den Sinn kommen. Zu diesem Zeitpunkt wird kein aufkommender Gedanke zensiert. Alles, was in den Kopf kommt, wird zugelassen. Erst nach Ablauf der festgelegten Zeit oder wenn keine weitere Idee mehr kommt, werden die Ideen dahingehend geprüft, ob sie realistisch und umsetzbar sind.

> Brainstorming ist eine von Alex Osborn 1939 erfundene und von Charles Hutchinson Clark weiterentwickelte Methode zur Ideenfindung, die die Erzeugung von neuen, ungewöhnlichen Ideen in einer Gruppe von Menschen fördern soll. Er benannte sie nach der Idee dieser Methode, nämlich »using the brain to storm a problem« (wörtlich: Das Gehirn verwenden, um ein Problem zu erstürmen).

Beim Brainstorming in der Gruppe sollte es eine Person geben, die das Brainstorming einführt, begleitet und beendet. Oft wird Brainstorming mit gemeinsamem Nachdenken und Diskutieren verwechselt. Die Kernidee des Brainstormings ist es nicht, systematisch zu diskutieren. Es geht vielmehr darum, vollkommen ohne jedes Urteil und ohne jede Bewertung möglichst viele, durchaus verrückte Ideen zu entwickeln. Die Bewertung und Diskussion der Ideen und ihre Umsetzung erfolgt erst in einem späteren Schritt.

Viele Menschen tun sich schwer, ihren Gedanken freien Lauf zu lassen, kritisieren und hinterfragen Beiträge anderer sofort. Folgende Brainstorming Regeln sollten deshalb beachtet werden:

Die Moderation stellt die Regeln für die Phase des Brainstormings vor, achtet darauf, dass sie eingehalten werden und protokolliert die Ergebnisse.
- Quantität vor Qualität.
- Hinterfragen oder Kritisieren während der Brainstorming-Phase ist strengstens verboten!
- Es gibt keine dummen oder schlechten Ideen.
- Es gibt kein Urheberrecht für Ideen. Alle Ideen gehören dem Team.
- Jedes Brainstorming beginnt mit einer konkreten Fragestellung.
- Eine Brainstorming-Phase dauert in der Regel 5 bis 15 Minuten.
- Ideen werden an der Pinnwand, mit Moderationskarten, Flipchart oder durch eine MindMapping-Software und Beamer festgehalten.

Zum Ende des Brainstormings sollten die Ideen nach Themenfeldern geordnet, interessante Kombinationen und Ideen festgehalten und das weitere Vorgehen vereinbart werden. Das Ordnen und Bewerten der Ideen nach dem Brainstorming sollte nach Prioritäten geschehen. Was ist der Gruppe besonders wichtig, was besonders unwichtig. Unwichtiges bleibt dokumentiert, wird aber vorerst nicht mehr weiter verfolgt. Wichtiges wird weiterverfolgt. Punkte, die unmittelbar keiner Kategorie zugeordnet werden können, werden separat unter dem Gesichtspunkt angeschaut, ob sie noch in die weitere Bearbeitung mit einfließen sollen oder vorerst keine Relevanz bekommen.

Mit den wichtigen Ideen wird in einem weiteren Schritt gearbeitet. Es darf nun intensiv diskutiert, bewertet, problematisiert und auch kritisiert werden, um die wichtigen Ideen auf ihre Relevanz und Praxistauglichkeit hin zu überprüfen.

Brainstorming eignet sich gut für die Vorarbeit an einem Konzept. Alle beteiligten Personen, die das Konzept später vertreten oder mit ihm arbeiten sollen, sammeln in einer Facharbeitsgruppe oder durch eine Befragung mit Brainstorming-Charakter ihre Gedanken, Erwartungen, Vorstellungen und Anforderungen an ein Konzept. In einem zweiten Schritt werden die einzelnen Themen der Sammlung auf Relevanz geprüft und sortiert. Die übrig gebliebenen Themen werden auf Vollständigkeit überprüft und bilden dann die Grundlage für die weitere Vorgehensweise bei der individuellen Konzepterstellung.

Eisenhower-Modell

Das Eisenhower-Modell kann seine positive Wirkung als konkretes Arbeitswerkzeug, aber auch als Gedankenstütze für die schnelle Zuordnung von Prioritäten entwickeln.

Als Arbeitswerkzeug ordnet man Tätigkeiten, Unterlagen, Pläne, Vorhaben oder Arbeitsschritte einem der vier Quadrate des Modells gezielt zu und findet so heraus, was unmittelbar, was ausführlich und gründlich und was gar nicht erledigt werden muss oder was von anderen erledigt werden kann.

> Das Eisenhower-Modell ist eine Möglichkeit, anstehende Aufgaben in Kategorien einzuteilen. Dadurch sollen die wichtigsten Aufgaben zuerst erledigt und unwichtige Dinge aussortiert werden. Es wurde von US-Präsident Dwight D. Eisenhower praktiziert und gelehrt.

Aufgaben werden im Eisenhower-Modell nach zwei Grundsätzen geordnet: Ist die Aufgabe wichtig? Und: Ist die Aufgabe dringend?

Wichtig bezieht sich auf den Inhalt. Wichtige Aufgaben bringen jemanden weiter. Es ergibt sich ein Vorteil (oder ein Nachteil ist aus der Welt geschafft). *Dringend* bezieht sich auf die Zeit. Wenn dringende Aufgaben termingerecht erledigt sind, entsteht ein Nutzen (oder ein Schaden ist verhindert worden). Aufgaben werden nach diesem Prinzip den vier Quadranten zugeordnet:
- Aufgaben, die weder wichtig noch dringlich sind, werden nicht erledigt.
- Aufgaben, die nicht wichtig, aber dringlich sind, können von helfenden Personen erledigt werden.

- Aufgaben, die wichtig, aber nicht dringlich sind, werden terminiert.
- Aufgaben, die wichtig und dringlich sind, werden sofort erledigt.

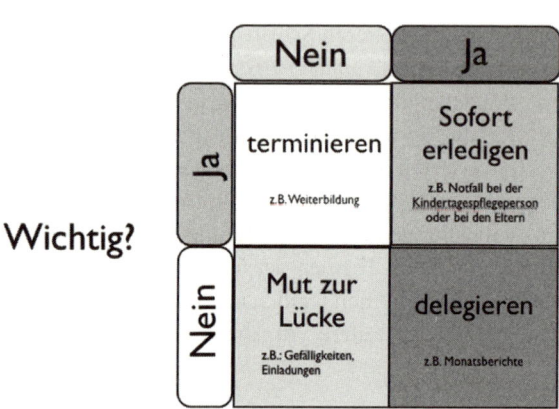

Abb. 2: Das Eisenhower-Modell

Wird das Eisenhower-Modell für die Absprache in einer Gruppe genutzt, können anstehende Aufgaben in gemeinsamer Absprache in die einzelnen Quadrate eingeordnet werden, sodass man eine Übersicht über Wichtigkeit und Dringlichkeit von Aufgaben bekommt und sich während der Arbeit immer wieder an die Einteilung erinnern kann.

Als Gedankenstütze kann man das Bild des Eisenhower-Modells auch an den Arbeitsplatz hängen und Zweifel, ob eine aktuelle Tätigkeit wichtig und/oder dringlich ist, mit einem Blick auf das Bild auflösen. Das Modell dient dann als Erinnerung, dass sich jede Arbeit zuordnen lässt und somit leichter Prioritäten für die Abfolge von Aufgaben gesetzt werden können.

Zufriedenheitsabfrage

Aufwendige Zufriedenheitsabfragen sind für die Befragten und die Fachberater/innen nicht angenehm. Mit einer vereinfachten Fragemethode können die Zufriedenheit und der Erfolg einer Beratung zielgerichtet, sehr schnell und übersichtlich abgefragt werden.

Die Befragten haben vier Vorgaben, die es Befragten wie Fragenden leichter machen, die Befragung durchzuführen und auszuwerten. Gründe und Bedeutung der Erwartungen können dann zu jeder Vorgabe individuell abgefragt und beantwortet werden:

Die Beratung war erfolgreich, ich bin zufrieden.
Die Beratung war zwar erfolgreich, ich bin dennoch nicht zufrieden.
Die Beratung war nicht erfolgreich, aber ich bin dennoch zufrieden.
Die Beratung war nicht erfolgreich und ich bin nicht zufrieden.

☐ Die Beratung war erfolgreich, ich bin zufrieden.
Die Beratung war erfolgreich, weil …

_____

_____

Ich bin zufrieden, weil …

_____

_____

Besonders wichtig ist mir:

_____

_____

☐ Die Beratung war zwar erfolgreich, ich bin dennoch nicht zufrieden.
Die Beratung war erfolgreich, weil …

_____

_____

Ich bin nicht zufrieden, weil …

_____

_____

Besonders wichtig ist mir:

_____

_____

☐ Die Beratung war nicht erfolgreich, aber ich bin dennoch zufrieden.
  Die Beratung war nicht erfolgreich, weil …

  _____

  _____

  Ich bin zufrieden, weil …

  _____

  _____

  Besonders wichtig ist mir:

  _____

  _____

☐ Die Beratung war nicht erfolgreich und ich bin nicht zufrieden.
  Die Beratung war nicht erfolgreich, weil …

  _____

  _____

  Ich bin nicht zufrieden, weil …

  _____

  _____

  Besonders wichtig ist mir:

  _____

  _____

Die Befragten können ihrer Zufriedenheit und ihrem Eindruck über den Erfolg der Beratung mit wenig Zeitaufwand Ausdruck geben und die Fachberatung kann sehr schnell – ähnlich wie beim Eisenhower-Modell – ein Bild darüber erhalten, was erfolgreich oder zufriedenstellend ist. Der Handlungsbedarf ist bei nicht erfolgreicher und unzufriedenstellender Beratung dringlich und wichtig. Ist die Beratung erfolgreich, der Ratsuchende aber nicht zufrieden, ist eine Reaktion dringlich. Ist eine Beratung nicht erfolgreich, der Ratsuchende aber zufrieden, ist die Überlegung, wie in Zukunft auch der Erfolg bei dem zu beratenden Thema erzielt werden kann, wichtig.

One Page

Die Informationsflut, die innerhalb einer Fachberatungsstelle anfällt, das permanente Lernen und die Vermehrung von Wissen und das damit verbundene Erfassen und Verarbeiten von Informationen macht es erforderlich, Übersichten zu entwickeln, die Entscheidungsprozesse vereinfachen und verbessern. Komplexe Wissenszusammenhänge machen ein vernetztes Denken und eine einfache Darstellung komplizierter Sachverhalte nötig. One Page ist dabei eine Arbeitshilfe.

Die wichtigsten Elemente der One Page sind:
- der systematische Ansatz,
- die Reduzierung auf das Wesentliche und
- die gehirngerechte visuelle Aufbereitung.

Der Leser eines Berichtes sollte bei der One Page Methode auf einer Seite alles für den Bericht Entscheidende erfassen können. Weitere Seiten sind zur Vertiefung oder Detailbeschreibung erforderlich und werden von Fachleuten erstellt, bearbeitet und genutzt. Die One Page gibt allen am Fachberatungsprozess Beteiligten eine Übersicht, die Aktualität und Gültigkeit hat.

Folgende Fragen helfen die Darstellung eines Themas durch die One Page Methode zu optimieren:
- Ist die Darstellung übersichtlich und verständlich?
- Werden Aussagen in Bildern, Farben, Formen und Übersichten dargestellt?
- Sind Informationen wie der Aufgabenstatus mit Hilfe von Symbolen oder eindeutigen Zeichensystemen dargestellt?
- Sind alle Informationen für den ersten Blick wirklich wichtig?
- Sind die Detailinformationen bei Bedarf schnell und einfach greifbar?
- Wie sind die Zusammenhänge erkennbar?
- Ist der Betrachter schnell im Bilde?
- Sind Informationen vernetzt?
- Ist für den Betrachter alles nachvollziehbar?

- Sind Informationen aus unterschiedlichen Quellen zusammengefügt und eigene Gedanken dargestellt?
- Wird eine Transparenz durch Gewichtungen und Aufteilung von Informationen erreicht?

Eine One Page zu entwickeln ist anfänglich nicht leicht, da komplexe Sachverhalte eine komplexe Darstellung zu benötigen scheinen. Mit zunehmendem Gebrauch wird die Darstellung komplexer Zusammenhänge selbstverständlich und einfach.

Was nicht verstanden wurde, kann auf kein Verständnis stoßen.

Die hier vorgestellten Arbeitshilfen sind ein Auszug aus vielen Unterstützungsmöglichkeiten, um sich seiner Ziele, der Priorität von Aufgaben zur Erfüllung der Ziele, der Potenzialentfaltung und einer vereinfachten und übersichtlichen Darstellung und Wiedergabe von Informationen bewusst zu werden. Sie können von Einzelpersonen für die Analyse der eigenen Vorgehensweise genau so genutzt werden wie in Gruppen, um einen schnelleren Konsens zu finden. Arbeitshilfen sind immer nur so gut wie die Personen, die sie nutzen. Alle Beteiligten sollten stets offen, frei und unbefangen ihre Ideen kundtun können. Potenzialentwicklung gelingt gut, wenn Menschen sich mit ihren Kräften und Fähigkeiten zeigen können, ohne dafür mit Sanktionen rechnen zu müssen. Ein wertschätzendes Arbeitsklima kann nicht durch Techniken oder Arbeitshilfen, sondern nur durch eine innere Haltung entwickelt werden. Die Techniken und Arbeitshilfen sollten die Entwicklung einer wertschätzenden Haltung unterstützen.

Vom Konzept zur Konzeption

Erzieher/innen arbeiten an ihren Arbeitsplätzen nur zu 75 % in ihrer pädagogischen Bildungsaufgabe. Ungefähr 25 % ihrer Arbeitszeit verwenden sie laut dem Länderreport der Bertelsmann-Stiftung für formale und organisatorische Aufgaben in der Kindertageseinrichtung wie
- Beobachtung und Dokumentation,
- Sprachstandserhebung,
- Projektvor- und -nachbereitung,
- Kooperation mit Eltern,
- Interne und externe Evaluation,
- Vertretung von Leitung,
- Kooperation mit externen Stellen,
- Qualitätsentwicklung,
- Dienstbesprechung/Abteilungsbesprechung.

Für die Umsetzung des Bildungsauftrags in der Praxis der Kindertageseinrichtung brauchen Erzieher/innen die Unterstützung der Fachberatung für Kindertageseinrichtungen. Die von der Fachberatung entwickelten Konzepte sollten es ihnen ermöglichen, ihre Konzeptionen leichter zu erstellen. Bei deren Erstellung kann berücksichtigt werden, dass die Fachberatung ihr fachliches Konzept zur Grundlage der Beratung für Erzieher/innen macht. Das Konzept kann auf Fachtagungen vorgestellt werden und in Form von Vorlagen zur eigenen Erarbeitung zur Verfügung gestellt werden. In einer von der Fachberatung organisierten Fort- und Weiterbildung können Erzieher/innen ihre Konzeption mit Unterstützung der Fachberater/innen erstellen. Die Fachberatung kann sie so in ihrer Aufgabe als Bildungsbegleitung vielseitig unterstützen. Erzieher/innen sollen mit den Kindern zusammen sein und arbeiten. Die Qualität in der Kindertageseinrichtung zu verbessern, das bedeutet auch, Erzieher/innen für ihre Kernaufgaben freizustellen. Ihre Verwaltungs-, Organisations- und Konzeptionsarbeit muss reduziert, vereinfacht und übersichtlich gestaltet werden. Fachberater/innen können ihnen dabei helfen.

Ein/e Fachberater/in
- kann Strukturen schaffen,
- hat Beratungskompetenz,
- verfügt über Lösungskompetenz,
- hat Moderationsfähigkeiten,
- hat kommunikative Fähigkeiten,
- kann vermitteln,
- bleibt sachlich,
- behält das Ziel im Auge,
- ist diskret,
- kann auf Menschen zugehen,
- kann Wichtiges vom Unwichtigen unterscheiden,
- verfügt über Selbstreflexion.

Fachberater/innen aller Trägerformen können sich entlasten, wenn sie gute Qualität in der Kindertageseinrichtungen in wertschätzender und ko-konstruktiver Haltung und im Einverständnis mit den Akteuren der Praxis entwickeln. Wenn die Synergieeffekte der verschiedenen Betreuungsformen in einer Kommune genutzt werden, eröffnen sich viele neue Möglichkeiten, um eine qualitativ gute Betreuung, Erziehung und Bildung für den frühkindlichen Bereich in einer Kommune umzusetzen. Konzepte der Fachberatung sollten keine rein formale Dokumentation sein, sondern zur Vereinfachung und Klarheit dieser Prozesse dienen und Erzieher/innen und Leitungen von Kindertageseinrichtungen dabei unterstützen, Konzeptionen für ihre Bildungsarbeit zu entwickeln und zu erstellen.

Literatur und Links

Axelrod, Robert: Die Evolution der Kooperation, Oldenbourg Verlag München 2000
Bamler, Vera: Fachberatung als Bestandteil der Qualitätsentwicklung im Bereich von Kindertageseinrichtung und der Tagespflege, Kindergartenpädagogik – Online-Handbuch – hrsg. V.M.R. Textor 2004
Bertelsmann Stiftung: Länderreport frühkindliche Bildung 2008, S. 10
Birker, Gabriele/Birker, Klaus: Teamentwicklung und Konfliktmanagement: Effizienzsteigerung durch Kooperation, Cornelsen Verlag Berlin 2006
Bowlby, John: Das Glück und die Trauer. Herstellung und Lösung affektiver Bindungen, Klett-Cotta Verlag Stuttgart 1980
Brisch, Karl-Heinz: Der Säugling – Bindung, Neurobiologie und Gene, Klett-Cotta Verlag, Stuttgart 2008
Buer, Ferdinand/Schmidt-Lellek, Christoph: Life-Coaching – Über Sinn, Glück und Verantwortung in der Arbeit, Vandenhoeck & Ruprecht Göttingen 2008
Bundesarbeitsgemeinschaft der Landesjugendämter: Empfehlungen zur Fachberatung, Dezember 2003, Aufgaben der Landesjugendämter, Juli 2011, www.bagljae.de
Bundesarbeitsgemeinschaft der Landesjugendämter: Kooperation und Vernetzung von Kindertageseinrichtungen im Sozialraum, Bundesarbeitsgemeinschaft der Landesjugendämter 8.-10. November 2006 Kiel, http://www.bagljae.de/downloads/107_qualitaet-der-bildung-erziehung-betreuung-.pdf
Bundeskonferenz: Rechtsgrundlagen der Beratung, Empfehlungen und Hinweise für die Praxis, BKE Bundeskonferenz für Erziehungsberatung e. V. Fürth 2009
Bundesministerium für Familie, Senioren, Frauen und Jugend: Ausbau und Qualität der Kinderbetreuung – Gleiche Bildungschancen für alle Kinder von Anfang an. Publikationsversand der Bundesregierung, Postfach 481009, 18132 Rostock, www.beruf-und-familie.de
Deutscher Verein: Empfehlungen des Deutschen Vereins zur konzeptionellen und strukturellen Ausgestaltung der Fachberatung im System der Kindertagesbetreuung, Deutscher Verein für öffentliche und private Fürsorge e. V. Berlin 2012
Diller-Murschall, Ilsa/Haucke, Karl/Breuer, Anne (Hrsg.): Qualifizierung lohnt sich! – Perspektiven der Fachberatung für Kindertageseinrichtungen, Lambertus Verlag Freiburg 1997
Diskowski, Detlef: Integrierte Bildungssteuerung in der Kindertages-Betreuung. Ein Ansatz. In: KiTa aktuell MO12/06, Wolters-Kluwer Neuwied
Divivere von, Beate/Irskens, Beate: »Mit uns auf Erfolgskurs« – Fachberatung in Kindertagesstätten, Kongressdokumentation, Deutscher Verein Berlin 1996
Friesinger, Theresia: Braucht Fachberatung ein Gesicht? Richtlinien für ein klares, professionelles und bundeseinheitliches Berufsbild der Fachberatung für Kindertagesstätten mit kurz-, mittel-und langfristigen Perspektiven, Grin-Verlag München 2008
Graf, Pedro/Spengler, Maria: Leitbild- und Konzeptentwicklung, blaue Reihe, Ziel-Verlag Augsburg 2008
Gröning, Katharina: Pädagogische Beratung, Konzepte und Positionen, VS Verlag für Sozialwissenschaften Wiesbaden 2006
Hamlin, Kiely/Wynn, Karen/Bloom, Paul/Mahajan, Neha: Psychologische Studien an der Univer-

sität Yale: University of British Columbia Department of Psychologe 2011 in Proceedings of the National Academy of Sciences 28.11.2011

Hammes-Di Bernado, Eva/Hebenstreit-Müller, Sabine: Innovationsprojekt Frühpädagogik, Professionalität im Verbund von Praxis, Forschung, Aus- und Weiterbildung, Schneider-Verlag Baltmannsweiler 2005

Haucke, Karl: Was Fachberaterinnen von sich und anderen erwarten – Vorschläge und Forderungen zum Arbeitsfeld Fachberatung für Kindertageseinrichtungen, in: Qualifizierung lohnt sich, Lambertus-Verlag 1997

Hebenstreit, Sigurd: Fachberatung für Tageseinrichtungen für Kinder – Konzeption, Arbeitsfeld und berufliches Selbstbild, München 1984

Hense, Margarita (Hrsg.): Zur Wirksamkeit der Fachberatung – eine empirische Studie, Dissertation zur Erlangung des Doktorgrades an der Fakultät für Psychologie und Sportwissenschaften der Universität Bielefeld, August 2008

– : Fachberatung für Kindertageseinrichtungen, Vandenhoeck & Ruprecht Göttingen 2010

Hinke-Ruhnau, Jutta: Bildungsvereinbarung, Total Quality Life, Eigenverlag Krefeld 2009 www.totalquality-life.de

Hüther, Gerald: Jedes Kind ist hochbegabt, Albrecht Knaus Verlag München 2012

Irskens, Beate: Fachberatung, in: Senatsverwaltung für Jugend und Familie (Hrsg.): Bilanz der Zukunft wegen – Fachtagung zur Kindertagesstätten-Beratung, Berlin 1992

Irskens, Beate/Preissing, Christa: Damit wir wissen, was wir tun! Methoden zur Erstellung eines pädagogischen Konzeptes im Team, Eigenverlag des Deutschen Vereins für öffentliche und private Fürsorge, Frankfurt/M. 1990

Irskens, Beate/Engler, Renate: Fachberatung zwischen Beratung und Politik – Eine kritische Bestandsaufnahme, Materialien für die sozialpädagogische Praxis, Nr. 23, Eigenverlag des Deutschen Vereins für öffentliche und private Fürsorge, Berlin 1992

– : Von der Hinterbühne auf die Vorderbühne – Schlüsselrolle der Fachberatung in Transfer- und Vernetzungsprozessen; in: Innovationsprojekt Frühpädagogik, Professionalität im Verbund von Praxis, Forschung, Aus- und Weiterbildung, Schneider-Verlag Baltmannsweiler 2005

Klug, Sonja Ulrike: Konzepte ausarbeiten – schnell und effektiv, Tools und Techniken für Pläne, Berichte und Projekte, Business Village Göttingen 2008

Konzept Bremen, St. Petri: http://www.stpetribremen.org

Konzept Paderborn: http://www.paderborn.de/microsite/kindundco/

Konzept Schmalkalden-Meiningen: http://www.lk-sm.de/wcms/DocsID/111018-46853-DA-6157778286? OpenDocument&SessionID=921072709&Layout=Default

Leupold, Eva Maria: Handbuch der Gesprächsführung. Herder Verlag Freiburg 2006

Miedaner, Lore (Hrsg.): Balanceakt Fachberatung – Fachberatung für Kindertageseinrichtungen im Spannungsfeld zwischen Anspruch und Alltag, Hochschule für Sozialwesen, Esslingen am Neckar 2002

Münch, Theresia/Textor, Martin, R. (Hrsg): Kindertagesbetreuung für unter Dreijährige zwi-schen Ausbau und Bildungsauftrag, Deutscher Verein Berlin 2009

– : Fachberatung für Kindertagesbetreuung – ein (vergessenes) Qualitätserfordernis. In: Kindertagesbetreuung für unter Dreijährige zwischen Ausbau und Bildungsauftrag, Deutscher Verein Berlin 2009, S. 212–224

Münder, Johannes: 20 Jahre SGB VIII – Motor für die Entwicklung der Kinder- und Jugendhilfe? In: Nachrichten des Deutschen Vereins September 2009, S. 378–383

Nubbek: Nationale Untersuchung zur Bildung, Betreuung und Erziehung, Fragestellungen und Ergebnisse im Überblick, Berlin 2010, www.nubbek.de

Rechtsgrundlagen der Beratung: Empfehlungen und Hinweise für die Praxis, Bundeskonferenz für Erziehungsberatung, bke-Verlag Fürth 2009

Sander, Klaus/Ziebertz, Torsten: Personenzentrierte Beratung- Lehren – Lernen – Anwenden, ein Arbeitsbuch für die Weiterbildung. Frank & Timme Verlag Berlin 2006

Schäfer, Gerd, E.: Bildung beginnt mit der Geburt – ein offener Bildungsplan für Kindertageseinrichtungen in Nordrhein-Westfalen, Cornelsen Verlag Berlin 2002

Schiersmann, Christiane/Bachmann, Miriam/Dauner, Alexander/Weber, Peter: Qualität und Professionalität in Bildungs- und Berufsberatung, W. Bertelsmann Verlag Bielefeld 2008

Schulz von Thun, Friedemann: Miteinander reden. Störungen und Klärungen. Allgemeine Psychologie der Kommunikation. Rowohlt Verlag Reinbek 2001

Schwarz, Gerhard: Konfliktmanagement: Konflikte erkennen, analysieren, lösen. Gabler Verlag 2010

Sickendiek, Ursel/Engel, Frank/Nestmann, Frank: Beratung – Eine Einführung in sozialpädagogische und psychosoziale Beratungsansätze, Juventa-Verlag Weinheim, 2. Aufl. 2002

Spiegel von, Hiltrud: So macht man Konzeptentwicklung in der Kinder- und Jugendarbeit – eine praktische Anleitung. In: Konzeptentwicklung in der Kinder- und Jugendarbeit. Reflexionen und Arbeitshilfen für die Praxis, hrsg. v. Sturzenhecker, Benedikt/Deinet, Ulrich, Juventa-Verlag Weinheim 2009, S. 51–95

Stimmer, Franz (hrsg.): Lexikon der Sozialpädagogik und der Sozialarbeit, Oldenbourg Verlag München 2000

Thüringen: Konzept der Fachberatung für den Bereich der frühkindlichen Pädagogik im Landkreis Eichsfeld in Anlehnung an das Arbeitspapier des Thüringer Ministeriums für Bildung, Wissenschaft und Kultur vom 21.6.2010, www.kreis-eic.de/landkrThürKiTAG: www.thueringen.de

Wehrmann Education Consulting: http://www.ilse-wehrmann.de

Wenzel, Peter: Laßt uns das tun, was wir anderen raten. In: Welt des Kindes, 1/1999, S. 20–24

Schlüsselthema: Sprachliche Bildung

V&R

Christa Kieferle /
Eva Reichert-Garschhammer /
Fabienne Becker-Stoll (Hg.)

Sprachliche Bildung von Anfang an

Strategien, Konzepte und Erfahrungen

Frühe Bildung und Erziehung.
2013. 280 Seiten, kartoniert
ISBN 978-3-525-70145-4

Auch als E-Book erhältlich:
ISBN 978-3-647-70145-5

Renommierte WissenschaftlerInnen betrachten das Thema »Sprachliche Bildung« aus ganz unterschiedlichen fachspezifischen Perspektiven. Der Band macht sie erstmalig in dieser Bandbreite sichtbar und zeigt die ganze Vielschichtigkeit des Themas. Beiträge aus der Praxis lassen die theoretischen Erkenntnisse lebendig werden und zeugen von einem fruchtbaren Dialog.

Geboten werden sowohl ein Orientierungsrahmen für die konkrete Arbeit als auch eine Diskussionsgrundlage für Wissenschaft, Administration und Praxis. Im Einzelnen wird diskutiert, inwieweit das derzeit vorhandene Forschungs- und Praxiswissen
– bereits in die pädagogische Praxis Eingang gefunden hat,
– derzeit auf Länderebene in die laufenden praxisbezogenen Implementierungsprojekte und -prozesse einfließt,
– im wissenschaftlichen Diskurs aufgenommen und weiterentwickelt wird.

Vandenhoeck & Ruprecht

Zu Wirksamkeit und Erfolg von Fachberatungen in Kitas

V&R

Margarita Hense (Hg.)
Fachberatung für Kindertageseinrichtungen
Erfolgschancen erhöhen

Frühe Bildung und Erziehung.
2010. 192 Seiten, kartoniert
ISBN 978-3-525-70127-0
Auch als E-Book erhältlich:
ISBN 978-3-647-70127-1

Die frühe Kindheit als bildungsintensivste Zeit erfährt gegenwärtig die Beachtung, die ihr aus entwicklungspsychologischer und neurobiologischer Sicht zukommt.

Die Bildungspolitik reagiert mit Bildungsplänen. Bei deren Umsetzung und der damit initiierten qualitativen Weiterentwicklung der Kindertageseinrichtungen kommt dem bewährten Unterstützungssystem »Fachberatung« für Kindertageseinrichtungen neue Bedeutung zu.

Die in diesem Buch versammelten Beiträge – von WissenschaftlerInnen, VertreterInnen der Kita-Träger, FachberaterInnen und ErzieherInnen – machen auf das Erfordernis einer hohen Qualität und Wirksamkeit des Leistungsangebotes der Fachberatung aufmerksam und zeigen Wege zur Steigerung der Erfolgschancen der Fachberatung.

Vandenhoeck & Ruprecht